Mineração de Dados & IA

Conceitos, Fundamentos e Aplicações

Enrico Guardelli

Guardelli, Enrico.

Mineração de Dados: Conceitos, Fundamentos e Aplicações / Enrico Guardelli.

Editora MedtechBiz, 2024.

219 p. : il. ; 23 cm.

Inclui bibliografias e índices.

ISBN 9798327758643

Direitos autorais © 2024 Enrico Guardelli

Todos os direitos reservados

Algumas partes do livro não podem ser reproduzidas, armazenadas em sistema de recuperação ou transmitidas de qualquer forma ou por qualquer meio que seja, eletronicamente, mecanicamente, fotocopiado, gravado ou de outra forma, sem a autorização expressa por escrito do editor.

Conceito da capa por: MedTechBiz

Mineração de Dados & IA - Conceitos, Fundamentos e Aplicações

RESUMO

A Mineração de Dados e Inteligência Artificial (IA) emergem como disciplinas centrais para transformar dados em insights valiosos.

A integração de mineração de dados e IA possibilita a automação de processos complexos, previsão de tendências e tomada de decisões autônomas.

Este livro oferece uma introdução abrangente e acessível a esses campos, desde conceitos básicos até estudos de caso avançados, com ênfase na aplicação prática utilizando ferramentas como Python e R.

O objetivo é capacitar o leitor a aplicar técnicas de mineração de dados e IA em problemas reais, contribuindo para a inovação e progresso em sua área.

SUMÁRIO

INTRODUÇÃO 8
I. FUNDAMENTOS DA MINERAÇÃO DE DADOS 13
   Introdução a Mineração de Dados 14
      O que é Mineração de Dados? 16
      Histórico e Evolução 19
      Importância e Aplicações 23
      Desafios e Considerações Éticas 26
   Conceitos Básicos e Terminologia 29
      Dados e Informações 33
      Métodos de Coleta e Pré-processamento de Dados 34
   Bases de Dados e Data Warehousing 39
      Bases de Dados 40
      Modelos de Dados 41
   Data Warehousing 42
      Arquitetura de Data Warehousing 44
   Métodos de Coleta e Pré-processamento de Dados 46
      Fontes de Dados 47
      Pré-processamento de Dados 48
   Processo de Mineração de Dados 51
      Etapas do Processo de KDD (Knowledge Discovery in Databases) 53
   Técnicas de Mineração de Dados 57
      Regras de Associação 57
      Classificação 61

- Regressão 67
- Agrupamento (Clustering) 72
- Detecção de Anomalias 77
- Ferramentas e Tecnologias 82
  - Ferramentas Open Source (Weka, RapidMiner, etc.) 82
  - Outras Ferramentas 85
  - Ferramentas Comerciais 87
  - Linguagens de Programação para Mineração de Dados (Python, R) 92

II. FUNDAMENTOS DE INTELIGÊNCIA ARTIFICIAL 97

- Introdução à Inteligência Artificial 98
  - Histórico da Inteligência Artificial 102
  - Áreas e Aplicações da IA 107
- Aprendizado de Máquina 113
  - Conceitos Básicos 114
  - Tipos de Aprendizado 115
  - Algoritmos Comuns 118
- Redes Neurais e Aprendizado Profundo 121
  - Estrutura das Redes Neurais 121
  - Algoritmo de Backpropagation 123
  - Conceito de Deep Learning 125
  - Arquiteturas de Deep Learning (CNNs, RNNs, GANs) 127
- Processamento de Linguagem Natural (NLP) 130
  - Técnicas de NLP (Tokenização, Stemming, Lematização) 132
  - Modelagem de Linguagem (Bag of Words, TF-IDF, Word Embeddings) 135

Aplicações de NLP (Análise de Sentimento, Tradução Automática, Chatbots)...139
Visão Computacional... 142
    Processamento de Imagens..142
    Detecção e Reconhecimento de Objetos................................ 146
    Aplicações de Visão Computacional...150
III. INTEGRAÇÃO DE MINERAÇÃO DE DADOS E IA........................152
    Mineração de Dados + IA... 153
        Complementaridade das Técnicas......................................155
        Exemplos de Integração e Casos de Uso Reais........................157
    Big Data e IA...160
        Conceito.. 160
        Tecnologias de Big Data.. 162
        Desafios e Soluções para Big Data em IA............................ 165
    Aplicações Avançadas.. 167
        Mineração de Dados em Redes Sociais..............................167
        Sistemas de Recomendação...169
        Análise Preditiva.. 171
        Automação e Robótica..173
IV: ESTUDOS DE CASO E PROJETOS PRÁTICOS...........................175
    Estudo de Caso 1: Mineração de Dados em Saúde............................176
    Estudo de Caso 2: Aplicação de IA em Finanças.................................184
    Estudo de Caso 3: Análise de Sentimento em Mídias Sociais....... 191
CONSIDERAÇÕES FINAIS..196
    Tendências Futuras em Mineração de Dados e IA........................197
    Reflexões.. 202

Apêndices..207
    Glossário de Termos...207
    Referências Bibliograficas.. 213

INTRODUÇÃO

A revolução digital do século XXI tem sido caracterizada pelo crescimento exponencial de dados gerados e coletados diariamente. Esse fenômeno, impulsionado pela internet, dispositivos móveis e a proliferação de sensores, criou um ambiente onde a informação é abundante, mas o conhecimento útil é escasso.

A mineração de dados e a inteligência artificial (IA) surgem como disciplinas centrais para transformar esses vastos conjuntos de dados em insights valiosos, capazes de orientar decisões estratégicas, otimizar processos e criar novas oportunidades.

Mineração de dados, também conhecida como descoberta de conhecimento em bancos de dados (KDD), envolve a extração de padrões ocultos, desconhecidos e potencialmente úteis a partir de grandes volumes de dados.

Este processo abrange várias etapas, desde a seleção e preparação dos dados até a aplicação de técnicas sofisticadas para identificar padrões e tendências.

É amplamente utilizada em diversas áreas, como marketing, finanças, saúde, e-commerce e muito mais, demonstrando seu impacto e relevância.

Inteligência artificial, por outro lado, é o campo da ciência da computação dedicado ao desenvolvimento de sistemas que podem realizar tarefas que normalmente requerem inteligência humana. Isso inclui habilidades como aprendizado, raciocínio, percepção e tomada de decisão.

Dentro da IA, o aprendizado de máquina se destaca como um subcampo crucial, onde os algoritmos são treinados para reconhecer padrões e fazer previsões com base em dados históricos. Recentemente, o aprendizado profundo (deep learning) revolucionou a IA, permitindo avanços significativos em áreas como visão computacional e processamento de linguagem natural.

A integração de mineração de dados e IA oferece um potencial enorme para inovação e avanço tecnológico. Enquanto a mineração de dados foca na extração de informações valiosas dos dados, a IA utiliza essas informações para construir sistemas inteligentes capazes de melhorar continuamente.

Juntas, essas disciplinas podem automatizar processos complexos, prever tendências futuras e tomar decisões autônomas, aumentando a eficiência e a eficácia em múltiplos domínios.

Este livro tem como objetivo fornecer uma introdução abrangente e acessível a esses campos interrelacionados.

Ao longo dos capítulos, abordaremos desde os conceitos básicos até estudos de caso avançados, proporcionando uma jornada completa pelo universo dessas tecnologias.

Além de cobrir as bases teóricas, enfatizamos a importância da aplicação prática. Por isso, incluímos diversos exemplos e projetos práticos que permitem ao leitor experimentar e aplicar os conceitos aprendidos.

Ferramentas populares e linguagens de programação como Python e R serão utilizadas para ilustrar os processos de mineração de dados e desenvolvimento de modelos de IA, facilitando a transição do conhecimento teórico para a prática.

A ética e a responsabilidade no uso da mineração de dados e da IA também são temas críticos discutidos neste livro. Com grandes poderes vêm grandes responsabilidades, e é essencial que os profissionais dessas áreas compreendam os impactos sociais e éticos de suas práticas.

Abordaremos questões como privacidade, viés algorítmico e transparência, destacando a necessidade de um uso consciente e ético dessas tecnologias.

Convidamos você a embarcar nesta jornada de descoberta e aprendizado.

Seja você um iniciante curioso ou um profissional buscando aprofundar seus conhecimentos, este livro foi elaborado para ser uma ferramenta valiosa no seu desenvolvimento.

Esperamos que ao final da leitura, você esteja capacitado a aplicar técnicas de mineração de dados e IA em problemas reais, contribuindo para a inovação e o progresso em sua área de atuação.

Vamos começar essa viagem pelo mundo fascinante da mineração de dados e inteligência artificial!

I. FUNDAMENTOS DA MINERAÇÃO DE DADOS

Introdução a Mineração de Dados

A mineração de dados é uma tecnologia essencial na era da informação, permitindo a extração de padrões e insights valiosos a partir de grandes volumes de dados.

Com o crescimento exponencial da geração de dados, a habilidade de transformar esses dados em conhecimento utilizável tornou-se crucial para organizações em diversas indústrias.

Nesta primeira parte do livro, exploraremos os fundamentos da mineração de dados, começando com sua definição, evolução histórica e importância no contexto moderno.

Abordaremos conceitos básicos e terminologia, como os diferentes tipos de dados e formas de armazenamento, essenciais para profissionais da área.

Detalharemos o processo de mineração de dados, desde a seleção e preparação dos dados até a aplicação de técnicas analíticas, destacando a importância de cada etapa para o sucesso na descoberta de conhecimento.

Além disso, examinaremos técnicas comuns de mineração de dados, como regras de associação, classificação, regressão, agrupamento e detecção de anomalias, com explicações teóricas e exemplos práticos.

Por fim, discutiremos as ferramentas e tecnologias mais utilizadas na mineração de dados, proporcionando uma base sólida para aplicar esses conhecimentos na prática.

O que é Mineração de Dados?

Mineração de dados, ou data mining, é o processo de explorar grandes conjuntos de dados para descobrir padrões, tendências e relacionamentos ocultos que possam ser transformados em conhecimento útil.

Esse campo interdisciplinar combina técnicas de estatística, aprendizado de máquina, inteligência artificial e gerenciamento de bases de dados para extrair informações valiosas de grandes volumes de dados.

Segundo Fayyad, Piatetsky-Shapiro e Smyth (1996), a mineração de dados é uma etapa central do processo de descoberta de conhecimento em bancos de dados (KDD - Knowledge Discovery in Databases).

Eles definem KDD como um processo iterativo que inclui a seleção, pré-processamento, transformação, mineração e interpretação/avaliação dos dados. A mineração de dados, especificamente, é a etapa que aplica métodos computacionais para identificar padrões significativos.

Han, Kamber e Pei (2011) descrevem a mineração de dados como a "extração de conhecimento interessante, não trivial, implícito, previamente desconhecido e potencialmente útil a partir de dados."

Não apenas sobre a análise de dados, a mineração também é sobre a geração de modelos que possam prever comportamentos futuros ou entender padrões históricos.

Turban et al. (2011) enfatizam que a mineração de dados tem sido aplicada em diversas áreas, como marketing, finanças, saúde, e-commerce e segurança, para resolver problemas complexos e tomar decisões informadas.

Os autores apontam que as técnicas de mineração de dados ajudam a identificar segmentos de mercado, prever falhas de máquinas, detectar fraudes e otimizar operações logísticas.

Para Larose (2015), a mineração de dados envolve várias tarefas, como classificação, regressão, agrupamento, detecção de anomalias, regras de associação e sumarização. Cada uma dessas tarefas utiliza algoritmos específicos para descobrir padrões nos dados.

Por exemplo, a classificação organiza dados em categorias predefinidas, enquanto o agrupamento divide os dados em grupos com características semelhantes.

Witten, Frank e Hall (2011) explicam que a mineração de dados é muitas vezes confundida com análise de dados, mas há uma distinção crucial.

Enquanto a análise de dados pode ser mais exploratória e descritiva, a mineração de dados é preditiva e orientada para a descoberta de padrões com uso de algoritmos sofisticados.

A mineração de dados também enfrenta desafios significativos. De acordo com Hand, Mannila e Smyth (2001), alguns dos principais desafios incluem a qualidade dos dados (dados incompletos, ruidosos ou inconsistentes), a escalabilidade (lidar com grandes volumes de dados) e a privacidade (garantir que a análise de dados não comprometa a privacidade dos indivíduos).

Histórico e Evolução

A história da mineração de dados é marcada por avanços tecnológicos e metodológicos que transformaram a forma como os dados são analisados e interpretados.

A evolução da mineração de dados pode ser dividida em várias fases, cada uma impulsionada por desenvolvimentos em computação, estatística e tecnologias de armazenamento de dados.

Antes dos Anos 1960, a análise de dados era realizada manualmente, utilizando técnicas estatísticas desenvolvidas ao longo de séculos.

Estatísticos como Ronald Fisher e Karl Pearson introduziram métodos para descrever e inferir propriedades de conjuntos de dados, estabelecendo as bases para a análise de dados.

Com o surgimento da computação (Anos 1960-1970) houve o início do uso da informatização para análise de dados.

O desenvolvimento de bancos de dados relacionais por Edgar F. Codd em 1970 revolucionou a forma como os dados eram armazenados e recuperados. Bancos de dados relacionais permitiram a gestão eficiente de grandes volumes de dados e estabeleceram as bases para a mineração de dados moderna.

Nos anos 1980, o campo da inteligência artificial (IA) começou a ganhar destaque, com pesquisadores desenvolvendo algoritmos capazes de aprender com os dados.

O aprendizado de máquina, um subcampo da IA, emergiu como uma disciplina importante, com algoritmos como árvores de decisão, redes neurais e métodos de clustering sendo introduzidos.

Em meados do ano 2000 testemunhamos uma explosão na quantidade de dados gerados, em parte devido ao crescimento da internet e do comércio eletrônico. Isso levou ao desenvolvimento de técnicas mais avançadas de mineração de dados para lidar com grandes volumes de dados.

A publicação de "From Data Mining to Knowledge Discovery in Databases" por Fayyad, Piatetsky-Shapiro e Smyth (1996) formalizou o processo de KDD e destacou a importância da mineração de dados.

Com o aumento da capacidade computacional e a disponibilidade de ferramentas comerciais, como SAS, SPSS e IBM Cognos, a mineração de dados se tornou acessível para empresas e organizações.

A integração de mineração de dados com sistemas de business intelligence (BI) permitiu que insights valiosos fossem extraídos de dados empresariais para melhorar a tomada de decisões.

A última década foi marcada pelo advento do Big Data, caracterizado pelos três Vs: volume, velocidade e variedade. Tecnologias como Hadoop e Spark permitiram o processamento distribuído de grandes conjuntos de dados.

Paralelamente, o aprendizado profundo (deep learning) revolucionou o campo da mineração de dados, especialmente em áreas como visão computacional e processamento de linguagem natural.

Redes neurais profundas, capacitadas por unidades de processamento gráfico (GPUs), mostraram resultados impressionantes em tarefas complexas de reconhecimento de padrões.

O futuro da mineração de dados está intrinsecamente ligado aos avanços contínuos em inteligência artificial, computação quântica e Internet das Coisas (IoT).

A capacidade de processar e analisar dados em tempo real, juntamente com técnicas avançadas de IA, como redes generativas adversariais (GANs) e aprendizado por reforço, promete transformar ainda mais a mineração de dados e suas aplicações.

Importância e Aplicações

A mineração de dados na era da informação oferece inúmeras vantagens e aplicações em diversos setores pela sua capacidade de transformar grandes volumes de dados brutos em informações valiosas.

Ajuda as organizações a tomar decisões estratégicas e operacionais baseadas em dados, reduzindo a dependência de intuições e suposições. Análises preditivas e descritivas fornecem insights sobre tendências futuras e comportamentos passados.

Empresas que utilizam mineração de dados para analisar o comportamento do cliente, otimizar operações e prever tendências de mercado ganham uma vantagem competitiva significativa. Podem personalizar ofertas, melhorar a satisfação do cliente e aumentar a eficiência operacional.

A mineração de dados facilita a descoberta de padrões e relações ocultas em grandes conjuntos de dados, que não seriam detectáveis por métodos tradicionais de análise, sendo aplicável na inovação e desenvolvimento de novos produtos e serviços.

Algoritmos podem automatizar tarefas repetitivas e complexas, como a detecção de fraudes ou o monitoramento de qualidade, permitindo que as organizações concentrem seus recursos em atividades estratégicas.

Em Marketing e Vendas, a técnica é usada para segmentar clientes, personalizar campanhas de marketing, prever vendas e analisar a eficácia de estratégias de marketing.

Na área da saúde, a mineração de dados pode prever surtos de doenças, personalizar tratamentos médicos, identificar padrões de doenças e melhorar a gestão hospitalar.

Bancos e instituições financeiras aplicam mineração de dados para detectar fraudes, avaliar riscos de crédito, prever flutuações de mercado e otimizar carteiras de investimentos.

A análise de dados em manufatura ajuda a prever falhas de máquinas, otimizar cadeias de suprimentos, melhorar a qualidade do produto e reduzir custos operacionais.

Instituições educacionais aceleram a análise do desempenho dos alunos, identificam necessidades de aprendizagem, melhorando a retenção de estudantes.

Além disso, a mineração de dados auxilia na detecção de atividades criminosas, análise de padrões de crimes, predição de incidentes e alocação de recursos de segurança de maneira mais eficiente.

Desafios e Considerações Éticas

Embora a mineração de dados oferece inúmeros benefícios, ela também apresenta desafios significativos e levanta questões éticas importantes que precisam ser abordadas cuidadosamente.

Dados incompletos, ruidosos ou inconsistentes podem comprometer a precisão das análises. A limpeza e preparação dos dados são etapas críticas, mas frequentemente desafiadoras.

Com o crescimento exponencial dos dados, a escalabilidade das soluções de mineração de dados torna-se um problema. Algoritmos e sistemas devem ser capazes de lidar com grandes volumes de dados de maneira eficiente.

Outro ponto é traduzir os resultados da mineração de dados em insights acionáveis pode ser complexo. Exige habilidades para interpretar corretamente os padrões e tendências descobertos.

Garantir a privacidade dos dados pessoais e a segurança contra acessos não autorizados é um desafio constante, especialmente com o aumento da regulamentação de proteção de dados.

A coleta e análise de grandes quantidades de dados pessoais podem infringir a privacidade dos indivíduos. É crucial garantir que os dados sejam anonimizados e utilizados de maneira ética e legal.

Questiona-se se algoritmos de mineração de dados podem perpetuar ou amplificar preconceitos existentes se os dados de treinamento forem enviesadom sendo justos e imparciais.

A opacidade, especialmente em aprendizado profundo, levanta questões sobre a capacidade de explicar e justificar decisões automatizadas.

Os indivíduos devem ser informados sobre como seus dados serão utilizados e dar consentimento explícito, zelando pela transparência e seguindo o consentimento, pilares éticos na ineração de dados.

É de responsabilidade das organizações gerir de forma ética os dados e consequências das decisões tomadas com base em análises de dados, devendo implementar políticas e práticas robustas de governança de dados.

Conceitos Básicos e Terminologia

A mineração de dados é uma área interdisciplinar que combina estatística, aprendizado de máquina, inteligência artificial e gerenciamento de banco de dados. Para entender essa área, é essencial familiarizar-se com alguns conceitos e terminologias fundamentais.

Também conhecido como "Data Mining", a mineração de dados é o processo de descobrir padrões, associações, mudanças, anomalias e estruturas estatísticas em grandes conjuntos de dados.

Segundo Han, Kamber e Pei (2011), a mineração de dados é a "extração de conhecimento interessante, não trivial, implícito, previamente desconhecido e potencialmente útil a partir de dados."

KDD (Knowledge Discovery in Databases): Fayyad, Piatetsky-Shapiro e Smyth (1996) definem KDD como o processo completo de descoberta de conhecimento em bases de dados, que inclui a mineração de dados como uma de suas etapas principais.

As etapas do KDD são seleção, pré-processamento, transformação, mineração de dados e interpretação/avaliação.

Algoritmo de Mineração de Dados : é um conjunto de instruções passo a passo usadas para realizar a mineração de dados. Exemplos incluem algoritmos de classificação, agrupamento e regressão.

Data Warehouse : Segundo Kimball e Ross (2013), um data warehouse é uma coleção de dados orientada por assunto, integrada, não volátil e variável no tempo, que dá suporte ao processo de tomada de decisão gerencial.

Big Data: conjuntos de dados que são tão grandes ou complexos que as ferramentas tradicionais de processamento de dados são inadequadas para lidar com eles. Laney (2001) descreveu os três Vs do Big Data: Volume, Variedade e Velocidade.

Instância ou Registro: único item ou linha em um conjunto de dados, representando uma entidade específica. Por exemplo, uma linha em uma tabela de clientes representando um cliente individual.

Atributo ou Característica: propriedade ou característica de uma instância, também chamada de campo ou coluna. Por exemplo, "idade" ou "salário" de um cliente.

Classificação: processo de identificar a que categoria ou classe um novo registro pertence, baseado em um conjunto de dados contendo registros cujo pertencimento de categoria é conhecido. Exemplos de algoritmos de classificação incluem árvores de decisão, redes neurais e máquinas de vetores de suporte (SVM).

Agrupamento (Clustering): processo de dividir um conjunto de dados em grupos ou clusters, onde os itens dentro de um grupo são mais semelhantes entre si do que com os de outros grupos. Algoritmos comuns de clustering incluem K-means e DBSCAN.

Regras de Associação: relações interessantes entre variáveis em grandes bases de dados. Um exemplo clássico é a análise de cesta de mercado, onde padrões como "se um cliente compra pão, ele provavelmente também comprará manteiga" são identificados.

Regressão: técnica utilizada para prever um valor numérico contínuo com base em um conjunto de dados. A regressão linear é um dos métodos mais simples e amplamente usados.

Preprocessamento de Dados: técnicas para preparar os dados para a mineração, como limpeza de dados, transformação, redução e discretização. De acordo com Han, Kamber e Pei (2011), esta etapa é crucial para garantir a qualidade e a precisão dos resultados da mineração de dados.

Dados e Informações

Para compreender a mineração de dados, é essencial distinguir entre os conceitos de dados e informações.

Os dados são fatos brutos e sem processamento, que podem ser coletados de diversas fontes. Eles são a matéria-prima da mineração de dados e podem vir em várias formas.

Já informações são dados processados e interpretados, que possuem significado e valor para a tomada de decisão. O processo de transformar dados em informações inclui a aplicação de técnicas de mineração de dados para descobrir padrões e insights. Segundo Davenport e Prusak (1998), informações são "dados dotados de relevância e propósito."

Métodos de Coleta e Pré-processamento de Dados

A mineração de dados lida com uma variedade de tipos de dados que podem ser classificados em três categorias principais: estruturados, semiestruturados e não estruturados.

Cada tipo de dado possui características distintas e requer abordagens específicas para seu armazenamento, processamento e análise.

Os dados estruturados são organizados em um formato definido, tipicamente em tabelas de bancos de dados relacionais. Cada tabela contém linhas e colunas, onde cada coluna representa um atributo específico e cada linha corresponde a um registro único.

Este formato tabular permite fácil acesso e manipulação dos dados usando linguagens de consulta como SQL (Structured Query Language).

De acordo com Elmasri e Navathe (2010), dados estruturados são caracterizados por sua rigidez e precisão. Eles são amplamente utilizados em aplicações empresariais, como sistemas de gerenciamento de transações, onde a consistência e integridade dos dados são cruciais.

Exemplos comuns de dados estruturados incluem registros de transações, informações de clientes, inventários de produtos e dados financeiros.

A vantagem dos dados estruturados reside na sua facilidade de armazenamento e recuperação. Bancos de dados relacionais, como MySQL, Oracle e SQL Server, oferecem mecanismos robustos para garantir a integridade dos dados, realizar consultas complexas e manter a consistência transacional.

Dados semiestruturados não seguem um formato rígido como os dados estruturados, mas ainda possuem algum nível de organização e marcação, permitindo sua interpretação e processamento.

Exemplos típicos incluem documentos XML (eXtensible Markup Language) e JSON (JavaScript Object Notation), que são frequentemente utilizados para trocar dados entre sistemas diferentes.

Segundo Abiteboul, Buneman e Suciu (2000), dados semiestruturados são flexíveis e podem evoluir facilmente ao longo do tempo.

Essa flexibilidade é particularmente útil em ambientes onde a estrutura dos dados não é totalmente conhecida de antemão ou pode mudar com frequência, como na integração de dados de várias fontes heterogêneas ou na troca de dados entre aplicativos web.

Os dados semiestruturados são frequentemente usados em aplicações de integração de dados, web services e APIs (Application Programming Interfaces). Eles permitem a modelagem de dados complexos e hierárquicos, que são difíceis de representar em tabelas relacionais.

Já os dados não estruturados não seguem nenhum esquema ou estrutura predefinida. Eles incluem uma vasta gama de tipos de dados, como texto livre, imagens, vídeos, áudios, emails, documentos de texto, posts em redes sociais e dados de sensores.

Russom (2011) destaca que dados não estruturados representam a maior parte dos dados disponíveis atualmente, especialmente com o crescimento das mídias sociais e a digitalização de conteúdos multimídia.

A análise desses dados requer técnicas avançadas de processamento, como processamento de linguagem natural (NLP), visão computacional e análise de sentimento.

Enquanto os dados não estruturados são mais difíceis de gerenciar e analisar do que os estruturados e semiestruturados, eles contêm informações valiosas que podem fornecer insights profundos.

Por exemplo, a análise de opiniões em redes sociais pode ajudar empresas a entender a percepção do público sobre seus produtos e serviços. Da mesma forma, a análise de imagens médicas pode auxiliar no diagnóstico de doenças.

Compreender os diferentes tipos de dados é fundamental para a mineração de dados, pois cada tipo requer abordagens específicas para seu armazenamento, processamento e análise.

Dados estruturados oferecem precisão e facilidade de manipulação, dados semiestruturados fornecem flexibilidade e adaptabilidade, e dados não estruturados contêm uma riqueza de informações que necessitam de técnicas avançadas para serem exploradas.

À medida que a quantidade e diversidade dos dados continuam a crescer, a capacidade de gerenciar e extrair valor de todos esses tipos de dados torna-se cada vez mais crítica para as organizações.

Bases de Dados e Data Warehousing

O crescimento exponencial de dados nas últimas décadas impulsionou a necessidade de sistemas eficientes para armazenar, gerenciar e analisar grandes volumes de informações.

Dentro desse contexto, destacam-se dois conceitos fundamentais: bases de dados (databases) e data warehousing.

Este capítulo visa explorar esses conceitos, suas características, arquiteturas e principais aplicações, com base em obras de autores reconhecidos na área.

Bases de Dados

Bases de dados são sistemas organizados que permitem o armazenamento, gerenciamento e recuperação de dados de maneira eficiente. São a espinha dorsal de muitas aplicações computacionais modernas, desde sistemas bancários até plataformas de redes sociais.

Segundo Date (2004), uma base de dados é "uma coleção de dados operacionais armazenados, utilizados pelas aplicações de uma organização específica" (Date, C. J. *An Introduction to Database Systems*).

Esse conceito enfatiza o papel central das bases de dados em fornecer suporte aos processos operacionais diários das organizações.

Modelos de Dados

Os modelos de dados definem como os dados são estruturados e manipulados em uma base de dados. Existem vários modelos, sendo os mais comuns o modelo relacional, o modelo orientado a objetos e o modelo NoSQL.

Introduzido por Edgar F. Codd em 1970, o **Modelo Relacional** organiza os dados em tabelas (relações) que podem ser manipuladas usando uma linguagem de consulta estruturada, conhecida como *SQL (Structured Query Language)*.

O **Modelo Orientado a Objetos** integra conceitos de programação orientada a objetos com sistemas de bases de dados, permitindo que os dados sejam armazenados como objetos complexos, incluindo métodos e atributos.

Projetado para lidar com grandes volumes de dados não estruturados, o **Modelo NoSQL** oferece flexibilidade e escalabilidade que os modelos tradicionais não conseguem proporcionar.

Data Warehousing

O conceito de data warehousing refere-se ao processo de coleta, armazenamento e gerenciamento de dados provenientes de múltiplas fontes, com o objetivo de facilitar a análise e a tomada de decisão estratégica.

Inmon (2005) define um data warehouse como "um conjunto de dados orientado por assunto, integrado, variante com o tempo e não volátil, que dá suporte ao processo de tomada de decisão".

Este conceito destaca quatro características essenciais de um data warehouse: orientado por assunti, integrado consolidado, variação com o tempo e não volátil.

A primeira refere-se a ser focado em áreas específicas de interesse, como vendas, finanças ou marketing. A partir de diversas fontes, é integrado e consolidado, o que garante consistência e precisão.

O data warehouse mantém históricos de dados para análise de tendências e padrões ao longo do tempo. Uma vez inseridos no data warehouse, os dados não podem ser alterados ou excluídos, preservando a integridade histórica.

Arquitetura de Data Warehousing

A arquitetura de um data warehouse é composta por várias camadas que colaboram para a coleta, transformação e disponibilização dos dados para análise:

O processo de **ETL (Extract, Transform, Load)** é fundamental para a integração de dados de diferentes fontes. Kimball e Ross (2013) descrevem este processo como "a espinha dorsal de um data warehouse", enfatizando sua importância na garantia de dados limpos e coerentes.

O **Data Staging** é a área temporária onde os dados são armazenados antes de serem transformados e carregados no data warehouse.

Já a **Data Presentation Area** é a camada onde os dados transformados são disponibilizados para os usuários finais através de ferramentas de Business Intelligence (BI) e relatórios. As ferramentas e interfaces (Data Access Tools) permitem a consulta e análise dos dados armazenados.

Bases de dados e data warehousing são componentes cruciais no ecossistema de TI das organizações modernas.

Enquanto as bases de dados suportam operações diárias, os data warehouses proporcionam uma visão estratégica e analítica dos dados, essencial para a tomada de decisão informada.

Métodos de Coleta e Pré-processamento de Dados

A coleta e o pré-processamento de dados são etapas fundamentais no ciclo de vida de qualquer projeto de análise de dados. Garantem que os dados brutos, oriundos de diversas fontes, sejam transformados em informações úteis e precisas para análises subsequentes.

Este capítulo explora os principais métodos de coleta e técnicas de pré-processamento de dados, apoiando-se em referências de autores consagrados na área.

A coleta de dados envolve a obtenção de informações de fontes diversas, podendo ser estruturadas ou não estruturadas, e é crucial para a integridade e a qualidade das análises subsequentes.

Segundo Tan, Steinbach e Kumar (2019), a coleta de dados pode ser realizada de diversas formas, dependendo do contexto e dos objetivos do projeto.

Fontes de Dados

As **Fontes Primárias** incluem dados coletados diretamente da fonte original, como entrevistas, questionários e experimentos, geralmente usados em pesquisas científicas e estudos de mercado. A coleta de dados primários é essencial para garantir a relevância e a especificidade da informação.

Coletados e disponíveis por meio de outras pesquisas, relatórios, bancos de dados públicos e documentos administrativos, as **Fontes Secundárias** são valiosas por oferecerem acesso a grandes volumes de dados de maneira econômica e eficiente.

Os dados gerados automaticamente por sistemas e dispositivos, como logs de servidores, sensores IoT (Internet das Coisas) e redes sociais constituem as **Fontes Automatizadas**, importante para análises em tempo real e big data.

Pré-processamento de Dados

O pré-processamento de dados é uma etapa crítica que envolve a limpeza, transformação e preparação dos dados brutos para análise.

Han, Pei e Kamber (2011) afirmam que a qualidade dos dados é um fator determinante para o sucesso de qualquer análise de dados, e o pré-processamento visa garantir essa qualidade.

A limpeza de dados é o processo de identificação e correção de erros e inconsistências nos dados brutos. Isso inclui a remoção de duplicatas, tratamento de valores ausentes e correção de erros de entrada.

As duplicações, ou registros repetidos, podem distorcer as análises, sendo essencial a higienização para garantir a integridade dos dados.

Os valores ausentes podem ser tratados de várias maneiras, incluindo a imputação com a média, mediana ou moda, ou até mesmo a exclusão de registros incompletos. Little e Rubin (2019) sugerem que a escolha do método de tratamento depende do padrão de ausência dos dados.

A identificação e correção de erros de digitação, inconsistências e discrepâncias nos dados é um processo que pode incluir a padronização de formatos e a verificação cruzada com fontes confiáveis.

É necessário também a transformação de dados como ações de conversão dos dados brutos em um formato adequado para análise, normalização, padronização, agregação e discretização.

Na normalização há o ajuste os dados para que estejam dentro de um intervalo comum, facilitando a comparação entre diferentes conjuntos de dados. Ao padronizar os dados, converte-os para uma distribuição com média zero e desvio padrão um, útil em técnicas de aprendizado de máquina (Bishop, 2006, *Pattern Recognition and Machine Learning*).

Outro processo é a combinação múltiplos registros em um único registro sumarizado (agregação), útil para simplificar a análise e reduzir o volume de dados.

Portanto, a coleta e o pré-processamento de dados são etapas essenciais para garantir a qualidade e a utilidade das análises de dados. Métodos eficazes de coleta asseguram que os dados sejam representativos e abrangentes, enquanto técnicas robustas de pré-processamento garantem que os dados estejam limpos e prontos para análise.

A compreensão e aplicação dessas técnicas, conforme discutido por autores como Tan, Steinbach, Kumar, e Han, são fundamentais para o sucesso de qualquer projeto de análise de dados.

Processo de Mineração de Dados

A mineração de dados é o processo de extrair padrões, conhecimentos e informações úteis a partir de grandes conjuntos de dados.

Com uso de técnicas de estatística, aprendizado de máquina e inteligência artificial, esse processo visa transformar dados brutos em insights acionáveis para tomada de decisão.

Segundo Han, Pei e Kamber (2011), a mineração de dados envolve várias etapas, incluindo a seleção de dados relevantes, a limpeza e pré-processamento dos dados, a transformação dos dados em um formato adequado para mineração, a aplicação de algoritmos de mineração para identificar padrões, e a interpretação e avaliação dos resultados.

Potencal transformação de diversos setores, como marketing, finanças, saúde e ciências sociais, onde grandes volumes de dados são gerados continuamente, a mineração de dados facilita identificar tendências ocultas, comportamentos de clientes, detecção de fraudes e otimização de operações.

Conforme Witten, Frank e Hall (2011), a eficácia da mineração de dados depende da qualidade dos dados e da escolha adequada de algoritmos, sendo crucial garantir que os resultados sejam precisos, relevantes e interpretáveis para que possam ser aplicados efetivamente em contextos práticos.

Etapas do Processo de KDD (Knowledge Discovery in Databases)

O processo de KDD (Knowledge Discovery in Databases), ou Descoberta de Conhecimento em Bases de Dados, é um conjunto sistemático de etapas destinado a extrair conhecimento útil e interpretável de grandes volumes de dados.

Segundo Fayyad, Piatetsky-Shapiro e Smyth (1996), o processo de KDD é composto por várias etapas interativas e interativas, que incluem seleção, pré-processamento, transformação, mineração de dados e interpretação/avaliação dos resultados.

A primeira etapa do processo de KDD envolve a seleção de dados relevantes de fontes diversas para a análise. Essa etapa é crucial, pois a qualidade e a relevância dos dados selecionados influenciam diretamente os resultados da mineração.

Han, Pei e Kamber (2011) destacam que a seleção deve considerar a representatividade dos dados em relação ao problema de interesse, garantindo que todos os aspectos relevantes sejam cobertos (*Data Mining: Concepts and Techniques*).

Após a seleção, os dados precisam ser preparados e limpos para remover ruídos e inconsistências. Isso inclui a correção de erros, tratamento de valores ausentes e eliminação de duplicatas.

Little e Rubin (2019) ressaltam a importância do pré-processamento para garantir a qualidade dos dados, o que é fundamental para a eficácia das etapas subsequentes (*Statistical Analysis with Missing Data*).

Na etapa de transformação, os dados são convertidos em formatos apropriados para a mineração. Isso pode envolver a normalização, agregação, discretização e criação de novas variáveis derivadas. A transformação adequada dos dados melhora a eficiência dos algoritmos de mineração e a qualidade dos padrões descobertos.

A Mineração de Dados é a etapa central do processo de KDD, onde técnicas de mineração, como algoritmos de aprendizado de máquina, são aplicadas para extrair padrões e conhecimentos dos dados transformados.

Witten, Frank e Hall (2011) explicam que a escolha do algoritmo de mineração depende da natureza dos dados e dos objetivos da análise, podendo incluir métodos de classificação, regressão, clustering e associação.

A última etapa envolve a interpretação dos padrões descobertos e a avaliação de sua relevância e utilidade. Os resultados devem ser validados e interpretados no contexto do problema de negócio ou pesquisa.

Esta fase é determinante para transformar os padrões brutos em conhecimento acionável, permitindo que os resultados sejam aplicados efetivamente para a tomada de decisão.

Técnicas de Mineração de Dados

Regras de Associação

Regras de associação são uma técnica fundamental em mineração de dados, usada para descobrir relações interessantes e frequentes entre variáveis em grandes conjuntos de dados.

Essa técnica foi inicialmente popularizada pelo algoritmo Apriori, introduzido por Agrawal, Imielinski e Swami (1993), que visa identificar conjuntos de itens frequentes em transações e derivar regras de associação desses conjuntos.

São especialmente úteis em aplicações de varejo para análise de cestas de compras, onde se busca entender que produtos são frequentemente comprados juntos.

O **algoritmo Apriori** é uma das abordagens mais conhecidas para a geração de regras de associação. Ele opera em duas etapas principais: encontrar conjuntos de itens frequentes e gerar regras de associação a partir desses conjuntos.

Segundo Han, Pei e Kamber (2011), o Apriori utiliza a propriedade antimonotona dos conjuntos de itens, que estabelece que se um conjunto de itens é frequente, todos os seus subconjuntos também o são. Isso permite que o algoritmo reduza o espaço de busca, tornando-o mais eficiente.

Para avaliar a qualidade das regras de associação, são utilizadas métricas como suporte, confiança e lift. O suporte indica a frequência com que um conjunto de itens aparece no banco de dados, enquanto a confiança mede a probabilidade de que o item consequente esteja presente nas transações que contêm o item antecedente. Já o lift quantifica a independência entre os itens antecedente e consequente.

Diversas melhorias e extensões do algoritmo Apriori foram desenvolvidas para aumentar a eficiência e a aplicabilidade da mineração de regras de associação.

Entre elas, destaca-se o algoritmo FP-Growth, introduzido por Han et al. (2000), que utiliza uma estrutura de árvore para representar conjuntos de itens frequentes, eliminando a necessidade de geração repetitiva de candidatos. Assim, torna o FP-Growth significativamente mais rápido e eficiente em comparação ao Apriori.

Regras de associação têm uma ampla gama de aplicações práticas além da análise de cestas de compras. Elas são utilizadas em diversas áreas, como bioinformática, para identificar co-ocorrências de genes, e em marketing, para segmentação de clientes e recomendações de produtos.

Witten, Frank e Hall (2011) apontam que a flexibilidade e a interpretabilidade das regras de associação as tornam uma ferramenta poderosa para a descoberta de conhecimento em muitos domínios.

Apesar de suas vantagens, a mineração de regras de associação enfrenta desafios significativos, como a geração de um grande número de regras, muitas das quais podem ser redundantes ou irrelevantes.

Além disso, a necessidade de definir limites de suporte e confiança apropriados pode ser problemática. Agrawal e Srikant (1994) sugerem que a definição de métricas adicionais e a incorporação de conhecimento de domínio podem ajudar a mitigar esses desafios e aprimorar a qualidade das regras descobertas.

Classificação

É uma das técnicas mais fundamentais e amplamente utilizadas na mineração de dados e aprendizado de máquina.

O objetivo da classificação é prever a categoria ou classe de novas observações com base em um conjunto de dados de treinamento composto por instâncias cujas classes são conhecidas.

Segundo Han, Pei e Kamber (2011), a classificação é usada em diversas aplicações, como diagnósticos médicos, reconhecimento de padrões, e detecção de fraudes.

Existem diversos algoritmos de classificação, cada um com suas características e áreas de aplicação específicas. Entre os mais populares estão os algoritmos de árvores de decisão, k-vizinhos mais próximos (k-NN), máquinas de vetores de suporte (SVM), e redes neurais.

Mitchell (1997) descreve que a escolha do algoritmo depende de fatores como a natureza dos dados, a necessidade de interpretabilidade e a precisão desejada.

As **Árvores de Decisão** são modelos de classificação que segmentam os dados em subconjuntos homogêneos, baseando-se nas características dos dados. Cada nó interno representa uma "pergunta" sobre uma característica, e cada folha representa uma classe.

Quinlan (1986) popularizou o algoritmo ID3, que utiliza a medida de ganho de informação para construir a árvore. As árvores de decisão são intuitivas e fáceis de interpretar, sendo uma escolha comum em muitas aplicações.

O algoritmo **k-Vizinhos Mais Próximos (k-NN)** classifica uma nova instância com base nas classes das "k" instâncias mais próximas no espaço de características. Cover e Hart (1967) introduziram esse método, que é simples e eficaz em muitos casos.

No entanto, sua eficácia pode ser afetada por dados ruidosos e alta dimensionalidade, exigindo técnicas de pré-processamento para melhorar o desempenho.

O método poderoso **Máquinas de Vetores de Suporte (SVM)** busca encontrar o hiperplano que melhor separa as classes em um espaço de características multidimensional.

Vapnik (1995) descreve que as SVMs são particularmente eficazes em problemas de classificação binária e são capazes de lidar com dados não linearmente separáveis através do uso de kernels. As SVMs são conhecidas por sua alta precisão e capacidade de generalização.

As Redes Neurais são modelos inspirados na estrutura do cérebro humano, compostos por camadas de neurônios artificiais. Cada neurônio realiza uma combinação linear das entradas, seguida por uma função de ativação.

Rumelhart, Hinton e Williams (1986) destacaram a importância das redes neurais e do algoritmo de retropropagação para treinar essas redes, permitindo que aprendam padrões complexos nos dados. São especialmente eficazes em problemas complexos, como reconhecimento de imagens e processamento de linguagem natural.

Para avaliar a performance dos modelos de classificação, são utilizadas várias métricas, incluindo acurácia, precisão, recall, e a métrica F1.

Witten, Frank e Hall (2011) explicam que essas métricas ajudam a compreender melhor o desempenho dos modelos e a adequação deles ao problema específico.

A escolha da métrica depende do contexto do problema e das consequências de erros de classificação, que tem uma ampla gama de aplicações práticas em diversos domínios.

Na área da saúde, é usada para diagnósticos médicos automatizados, onde modelos de classificação ajudam a prever a presença de doenças com base em dados de exames.

No setor financeiro, é utilizada para detectar fraudes em transações, identificando padrões anômalos que podem indicar atividades fraudulentas.

Além disso, em marketing, modelos de classificação ajudam a segmentar clientes e personalizar ofertas com base em comportamentos e preferências passadas.

Apesar de sua utilidade, a classificação enfrenta vários desafios, como o problema de desbalanceamento de classes, onde algumas classes são representadas de forma muito mais frequente que outras, afetando a performance do modelo.

Han, Pei e Kamber (2011) sugerem técnicas como a amostragem estratificada e a ponderação de classes para mitigar esses problemas.

Outro desafio é a alta dimensionalidade dos dados, que pode ser abordada através de técnicas de redução de dimensionalidade como PCA (Análise de Componentes Principais).

A classificação é uma técnica poderosa e versátil na mineração de dados, com uma ampla gama de algoritmos e aplicações práticas.

A escolha do algoritmo adequado, juntamente com um entendimento profundo das métricas de avaliação e dos desafios específicos do problema, é crucial para o sucesso da classificação em cenários reais.

Com o avanço contínuo das técnicas de aprendizado de máquina, a classificação continua a evoluir, oferecendo soluções cada vez mais precisas e eficientes para problemas complexos.

Regressão

Regressão é uma técnica estatística e de aprendizado de máquina usada para modelar e analisar a relação entre uma variável dependente e uma ou mais variáveis independentes.

O objetivo principal é prever valores numéricos contínuos com base em variáveis explicativas.

Segundo Han, Pei e Kamber (2011), a regressão é amplamente utilizada em áreas como economia, engenharia, e ciências sociais para prever tendências e tomar decisões informadas.

A **Regressão Linear Simples** é o tipo mais básico de regressão, onde a relação entre a variável dependente Y e uma única variável independente X é modelada por uma linha reta.

A equação da regressão linear simples é $Y = \beta_0 + \beta_1 X + \epsilon$, onde β_0 é o intercepto,

β_1 é o coeficiente de inclinação, e ϵ é o termo de erro.

Draper e Smith (1998) descrevem que o método dos mínimos quadrados é comumente usado para estimar os parâmetros β_0 e β_1, minimizando a soma dos quadrados das diferenças entre os valores observados e previstos (*Applied Regression Analysis*).

Quando há mais de uma variável independente, utiliza-se a **Regressão Linear Múltipla**. A equação é expandida para $Y = \beta_0 + \beta_1 X_1 + \beta_2 X_2 + \ldots + \beta_p X_p + \epsilon$, onde p representa o número de variáveis independentes.

A regressão linear múltipla permite modelar relações mais complexas entre as variáveis. Montgomery, Peck e Vining (2012) enfatizam a importância de avaliar a multicolinearidade entre as variáveis independentes, pois ela pode afetar a estabilidade e a interpretação dos coeficientes estimados.

Embora a **Regressão Logística** seja usada para problemas de classificação, é frequentemente discutida em conjunto com outras técnicas de regressão devido à sua abordagem baseada em modelos lineares.

A regressão logística modela a probabilidade de ocorrência de um evento binário (como sucesso/falha) e é útil quando a variável dependente é categórica. Hosmer, Lemeshow e Sturdivant (2013) explicam que a função logística transforma a saída linear em probabilidades, facilitando a interpretação dos resultados.

Para relações não lineares entre a variável dependente e as variáveis independentes, a **Regressão Polinomial e** outras formas de regressão não linear podem ser usadas.

A regressão polinomial é uma extensão da regressão linear, onde a relação é modelada por um polinômio de grau \(n\). Hastie, Tibshirani e Friedman (2009) descrevem que a regressão polinomial pode capturar curvaturas nos dados, proporcionando uma melhor adequação quando a relação linear não é suficiente.

A avaliação dos modelos de regressão é crucial para garantir a precisão e a eficácia das previsões. As métricas comuns incluem o erro quadrático médio (MSE), o erro absoluto médio (MAE), e o coeficiente de determinação (R^2).

Witten, Frank e Hall (2011) destacam que essas métricas ajudam a medir a discrepância entre os valores previstos e observados, fornecendo uma indicação da qualidade do modelo.

Além disso, a análise de resíduos é usada para verificar a adequação do modelo, identificando possíveis violações dos pressupostos da regressão.

A regressão é uma técnica versátil e poderosa na mineração de dados, com diversas variantes que podem ser aplicadas a diferentes tipos de problemas.

Desde modelos lineares simples até abordagens não lineares complexas, a regressão oferece uma metodologia robusta para prever valores numéricos contínuos e analisar relações entre variáveis.

A escolha do modelo adequado, juntamente com uma avaliação cuidadosa e interpretação dos resultados, é fundamental para o sucesso na aplicação prática da regressão.

Agrupamento (Clustering)

O agrupamento, ou clustering, é uma técnica de mineração de dados que busca dividir um conjunto de dados em grupos (clusters) de maneira que os objetos dentro de um mesmo grupo sejam mais semelhantes entre si do que aos de outros grupos.

O objetivo do agrupamento é descobrir a estrutura subjacente dos dados, proporcionando insights úteis sem a necessidade de rótulos predefinidos. A técnica é amplamente utilizada em diversas áreas, incluindo biologia, marketing, reconhecimento de padrões, e análise de imagem.

Existem diversos **algoritmos de agrupamento**, cada um com suas características específicas e adequados para diferentes tipos de dados e objetivos. Os mais comuns incluem k-means, clustering hierárquico, e DBSCAN (Density-Based Spatial Clustering of Applications with Noise).

O **k-means** é um dos algoritmos de agrupamento mais simples e amplamente utilizados. Ele divide o conjunto de dados em k clusters, onde k é um parâmetro definido pelo usuário.

MacQueen (1967) descreveu o algoritmo k-means, que funciona iterativamente para minimizar a soma das distâncias quadráticas entre os pontos e o centróide de seu cluster. É eficiente em termos de tempo computacional, mas pode ser sensível a outliers e à escolha inicial dos centróides.

O **Clustering Hierárquico** não requer que o número de clusters seja especificado a priori. Em vez disso, ele constrói uma hierarquia de clusters de forma aglomerativa (bottom-up) ou divisiva (top-down).

Johnson (1967) introduziu o método aglomerativo, onde cada ponto começa como um cluster individual e, a cada passo, os clusters mais próximos são mesclados até que todos os pontos estejam em um único cluster. Este método produz um dendrograma, que pode ser cortado em diferentes níveis para obter um número variável de clusters.

Algoritmo baseado em densidade, o **DBSCAN** é eficaz na identificação de clusters de forma arbitrária e na detecção de outliers. Ester et al. (1996) propuseram o DBSCAN, que agrupa pontos com densidade suficiente e marca os pontos que estão sozinhos em regiões de baixa densidade como ruído.

O DBSCAN não requer que o número de clusters seja especificado, mas precisa de parâmetros para a distância mínima entre pontos e o número mínimo de pontos em um cluster.

A avaliação da qualidade dos clusters formados é crucial para garantir a utilidade da análise. Métricas comuns incluem a soma das distâncias internas do cluster (para algoritmos como k-means), o índice de Dunn, o índice de Davies-Bouldin, e a silhueta. Kaufman e Rousseeuw (1990) destacam que essas métricas ajudam a medir a coesão e a separação dos clusters, fornecendo uma base objetiva para comparar diferentes algoritmos e configurações.

O agrupamento tem uma vasta gama de aplicações práticas. Em biologia, o agrupamento ajuda a identificar grupos de genes ou proteínas com funções semelhantes.

Na análise de imagem, técnicas de clustering são usadas para segmentar imagens em regiões de interesse. Jain, Murty e Flynn (1999) discutem que a versatilidade e a aplicabilidade do agrupamento em diversas áreas destacam sua importância na análise de dados.

Mesmo assim, o agrupamento enfrenta vários desafios. A escolha do número ideal de clusters (k) pode ser difícil e influenciar significativamente os resultados. Além disso, muitos algoritmos de clustering, como k-means, são sensíveis a outliers e à inicialização dos clusters.

Han, Pei e Kamber (2011) sugerem técnicas como a normalização de dados e a utilização de métodos robustos para mitigar esses desafios.

A escalabilidade também é uma preocupação, especialmente com conjuntos de dados muito grandes, exigindo algoritmos eficientes e métodos de amostragem.

O agrupamento é uma técnica poderosa e versátil na mineração de dados, oferecendo métodos para descobrir padrões e estruturas subjacentes em dados não rotulados.

Com uma ampla gama de algoritmos e métricas de avaliação, o agrupamento pode ser adaptado para diferentes tipos de dados e problemas, proporcionando insights valiosos em várias aplicações práticas.

Detecção de Anomalias

A detecção de anomalias é uma técnica de mineração de dados que visa identificar padrões que não se conformam ao comportamento esperado ou à maioria dos dados.

Anomalias podem indicar dados raros, mas significativos, como fraudes, erros, falhas, ou eventos raros que precisam ser investigados.

Segundo Chandola, Banerjee e Kumar (2009), a detecção de anomalias é crucial em áreas como segurança da informação, detecção de fraudes, monitoramento de saúde, e manutenção preditiva.

Existem diversas abordagens para a detecção de anomalias, que podem ser classificadas em técnicas supervisionadas, semi-supervisionadas e não supervisionadas.

A escolha da técnica depende da disponibilidade de dados rotulados e da natureza do problema.

Em **Técnicas Supervisionadas**, um modelo é treinado em um conjunto de dados rotulados que contém exemplos de anomalias e comportamentos normais.

Métodos comuns incluem a regressão logística, redes neurais e máquinas de vetores de suporte (SVM). Breunig et al. (2000) introduziram o conceito de Local Outlier Factor (LOF), que avalia a densidade local de cada ponto em comparação com seus vizinhos, identificando anomalias em áreas de baixa densidade.

As **Técnicas Semi-Supervisionadas** utilizam um conjunto de dados predominantemente composto por exemplos normais. O modelo é treinado para reconhecer o comportamento normal e, posteriormente, identifica desvios deste comportamento como anomalias.

Chapelle, Scholkopf e Zien (2006) discutem que técnicas semi-supervisionadas são úteis quando é difícil obter um número significativo de exemplos de anomalias.

Baseadas na premissa de que as anomalias são raras e diferentes dos dados normais, as **Técnicas Não Supervisionadas** não requerem dados rotulados. Algoritmos como k-means, clustering hierárquico e DBSCAN podem ser utilizados para identificar clusters, onde pontos que não pertencem a nenhum cluster significativo são considerados anomalias.

Hodge e Austin (2004) enfatizam que as técnicas não supervisionadas são aplicáveis em cenários onde não há conhecimento prévio sobre a natureza das anomalias.

Adicionalmente as abordagens clássicas de aprendizado de máquina, métodos estatísticos e baseados em modelos são amplamente utilizados na detecção de anomalias. Esses métodos assumem que os dados seguem uma distribuição conhecida e identificam anomalias como pontos que desviam significativamente dessa distribuição.

Os **Métodos Estatísticos** utilizam propriedades estatísticas dos dados, como média e desvio padrão, para identificar anomalias. Por exemplo, a análise de componentes principais (PCA) reduz a dimensionalidade dos dados e identifica anomalias baseadas em desvios dos componentes principais.

Modelos baseados em densidade, como o DBSCAN, identificam regiões de alta densidade de pontos e classificam pontos em regiões de baixa densidade como anomalias. Breunig et al. (2000) introduziram o LOF, que compara a densidade local de cada ponto com a de seus vizinhos, identificando anomalias em áreas de baixa densidade.

A detecção de anomalias tem uma ampla gama de aplicações práticas. Em segurança da informação, é usada para identificar atividades suspeitas ou intrusões em sistemas de rede. Na detecção de fraudes, técnicas de detecção de anomalias ajudam a identificar transações financeiras incomuns que podem indicar fraudes.

Em monitoramento de saúde, anomalias em sinais vitais podem indicar condições médicas críticas que requerem atenção imediata. Hawkins (1980) destaca que a detecção de anomalias é vital para a identificação precoce de problemas, permitindo ações corretivas antes que se tornem críticas.

Alguns viés podem acontecer, como a alta dimensionalidade dos dados, o que pode dificultar a identificação de padrões anômalos. Além disso, a definição do que constitui uma anomalia pode variar dependendo do contexto, tornando a detecção de anomalias uma tarefa altamente contextual.

Han, Pei e Kamber (2011) sugerem o uso de técnicas de redução de dimensionalidade e a incorporação de conhecimento de domínio para melhorar a eficácia da detecção de anomalias.

Além disso, a avaliação da eficácia dos métodos de detecção de anomalias pode ser complicada devido à escassez de dados rotulados.

Ferramentas e Tecnologias

Ferramentas Open Source (Weka, RapidMiner, etc.)

Existem várias ferramentas open source que são amplamente utilizadas por profissionais e pesquisadores na área de mineração de dados. Algumas das mais populares incluem Weka e RapidMiner, entre outras.

Cada uma dessas ferramentas possui características e funcionalidades únicas que as tornam adequadas para diferentes tipos de tarefas e usuários.

O **Weka (Waikato Environment for Knowledge Analysis)** é uma das mais antigas e respeitadas para mineração de dados. Desenvolvida pela Universidade de Waikato, na Nova Zelândia, o Weka é conhecido por sua interface gráfica intuitiva e ampla gama de algoritmos implementados para tarefas de classificação, regressão, clustering, associação e seleção de atributos.

Uma das grandes vantagens é sua capacidade de importar dados em vários formatos, como CSV, JSON e bancos de dados SQL, facilitando o início dos projetos de mineração de dados.

Altamente extensível, o Weka permitie que os usuários adicionem novos algoritmos e funcionalidades conforme necessário, sendo uma escolha popular em ambientes acadêmicos devido à sua robustez e facilidade de uso.

O **RapidMiner** é outra ferramenta poderosa e amplamente utilizada no campo da mineração de dados e aprendizado de máquina.

Inicialmente desenvolvida como um projeto acadêmico, RapidMiner evoluiu para uma plataforma comercial de código aberto que oferece uma interface gráfica amigável e um ambiente de desenvolvimento integrado (IDE) robusto.

A ferramenta suporta uma vasta gama de operações de mineração de dados, desde pré-processamento e visualização de dados até modelagem e avaliação de modelos preditivos.

É particularmente apreciado por sua capacidade de integração com outras ferramentas e linguagens de programação, como Python e R, bem como por sua capacidade de lidar com grandes volumes de dados.

Isso torna o RapidMiner uma escolha ideal para empresas e organizações que precisam de uma solução escalável e flexível para análise de dados.

Outras Ferramentas

Além do Weka e RapidMiner, existem outras ferramentas open source notáveis que merecem menção. O **KNIME (Konstanz Information Miner)** é uma plataforma de análise e relatório de dados que permite a integração de diversos componentes para mineração de dados e aprendizado de máquina por meio de sua interface de fluxo de trabalho visual.

O **Orange** é outra ferramenta visual para análise de dados que é popular em ambientes educacionais devido à sua simplicidade e facilidade de uso.

Ferramentas como **Apache Mahout** e **ELKI** são mais especializadas, oferecendo suporte avançado para tarefas específicas de mineração de dados, como clustering e sistemas de recomendação.

A escolha da ferramenta de mineração de dados deve ser guiada pelas necessidades específicas do projeto, a experiência do usuário e os requisitos de integração e escalabilidade.

Comparativamente, o Weka e o RapidMiner são exemplos de ferramentas que oferecem uma combinação poderosa de facilidade de uso e funcionalidades avançadas, tornando-as adequadas para uma ampla gama de aplicações em mineração de dados.

Outras ferramentas como KNIME e Orange também oferecem opções viáveis, especialmente para usuários que preferem uma abordagem mais visual e intuitiva.

Ferramentas Comerciais

Existem várias ferramentas comerciais que são amplamente utilizadas na mineração de dados devido às suas funcionalidades avançadas, suporte ao cliente robusto e integração perfeita com sistemas empresariais.

Algumas das mais conhecidas e utilizadas incluem IBM SPSS Modeler, SAS Enterprise Miner e Microsoft Azure Machine Learning.

Cada uma dessas ferramentas oferece um conjunto abrangente de recursos que atendem às necessidades específicas de diferentes indústrias e aplicações.

O **IBM SPSS Modeler** é uma das ferramentas comerciais líderes em análise de dados e mineração de dados. É conhecido por sua interface de usuário intuitiva baseada em fluxos de trabalho, que permite aos usuários criar modelos preditivos e análises de dados complexas sem a necessidade de extensa codificação.

O SPSS Modeler suporta uma ampla variedade de algoritmos de aprendizado de máquina e técnicas estatísticas, facilitando a construção de modelos robustos para tarefas como classificação, regressão, clustering e detecção de anomalias.

Adicionalmente, tem integração com outras soluções IBM e a capacidade de lidar com grandes volumes de dados tornam o SPSS Modeler uma escolha popular em ambientes corporativos que exigem análises avançadas e insights acionáveis.

O **SAS Enterprise Miner** é outra ferramenta de ponta no campo da mineração de dados, oferecendo uma vasta gama de recursos para análise preditiva e descoberta de conhecimento.

Desenvolvido pela SAS Institute, o Enterprise Miner é conhecido por sua capacidade de processar grandes conjuntos de dados e sua integração com outras soluções SAS.

Oferece um ambiente gráfico de desenvolvimento que facilita a construção de fluxos de trabalho analíticos, permitindo que usuários de diferentes níveis de habilidade criem e validem modelos preditivos complexos.

O SAS Enterprise Miner também se destaca por suas capacidades avançadas de preparação de dados, seleção de variáveis e otimização de modelos, tornando-o ideal para projetos empresariais que exigem precisão e confiabilidade.

A plataforma de aprendizado de máquina baseada na nuvem, **Microsoft Azure Machine Learning,** oferece uma gama abrangente de serviços para construção, treinamento e implantação de modelos de aprendizado de máquina.

É altamente escalável e integra-se perfeitamente com outros serviços do Azure, como Azure Data Lake e Azure SQL Database, permitindo que as empresas gerenciem e analisem grandes volumes de dados com eficiência.

O Azure Machine Learning suporta uma ampla variedade de algoritmos de aprendizado de máquina e oferece ferramentas para automação de fluxos de trabalho, experimentação e monitoramento de modelos em produção.

Além disso, a plataforma oferece um ambiente de desenvolvimento integrado (IDE) que facilita a colaboração entre cientistas de dados, engenheiros de dados e desenvolvedores.

Poderosa para análise de dados e aprendizado de máquina, a plataforma **TIBCO Statistica** é conhecida por sua capacidade de processar grandes conjuntos de dados e por suas funcionalidades avançadas de análise, que incluem técnicas de mineração de texto, análise de séries temporais e otimização de processos. Se integra bem com outras soluções TIBCO, permitindo que as empresas criem fluxos de trabalho analíticos abrangentes e eficientes.

A facilidade de uso e a flexibilidade da plataforma fazem dela uma escolha popular para empresas que precisam de uma solução robusta e versátil para suas necessidades de análise de dados.

Ferramentas comerciais para mineração de dados, como IBM SPSS Modeler, SAS Enterprise Miner, Microsoft Azure

Machine Learning e TIBCO Statistica, oferecem uma combinação de funcionalidades avançadas, suporte ao cliente e integração com sistemas empresariais que são essenciais para grandes organizações e projetos complexos.

A escolha da ferramenta certa depende das necessidades específicas do projeto, do orçamento e do nível de experiência da equipe.

Essas ferramentas comerciais proporcionam uma plataforma sólida para empresas que buscam obter insights acionáveis e otimizar seus processos de tomada de decisão por meio da análise de dados avançada.

Linguagens de Programação para Mineração de Dados (Python, R)

As linguagens de programação desempenham um papel crucial na mineração de dados, oferecendo ferramentas e bibliotecas poderosas para análise, modelagem e visualização de dados.

Python e R são duas das linguagens mais populares e amplamente utilizadas para essa finalidade. Cada uma delas possui características únicas que as tornam adequadas para diferentes tipos de tarefas e usuários.

Python é uma linguagem de programação versátil e fácil de aprender, conhecida por sua simplicidade e legibilidade. Ela se tornou extremamente popular na comunidade de ciência de dados e mineração de dados devido à sua vasta gama de bibliotecas e frameworks.

Algumas das bibliotecas mais utilizadas para mineração de dados em Python incluem:

Pandas: estruturas de dados e operações de alto desempenho para manipulação de dados, facilitando a limpeza, transformação e análise de grandes conjuntos de dados.

NumPy: suporte para arrays multidimensionais e operações matemáticas de alto desempenho, sendo essencial para cálculos numéricos.

Scikit-learn: biblioteca abrangente para aprendizado de máquina, que inclui algoritmos para classificação, regressão, clustering e redução de dimensionalidade.

Matplotlib e Seaborn: bibliotecas de visualização de dados que permitem criar gráficos e plots de alta qualidade para análise exploratória de dados.

TensorFlow e PyTorch: frameworks para aprendizado profundo (deep learning), amplamente utilizados para construir e treinar modelos de redes neurais complexos.

Python também se destaca por sua comunidade ativa e recursos abundantes, incluindo tutoriais, cursos online e documentação detalhada. Isso facilita a entrada de novos usuários e a colaboração em projetos de mineração de dados.

R é uma linguagem de programação e ambiente de software dedicada à computação estatística e gráficos. Ela é especialmente popular entre estatísticos e cientistas de dados por sua capacidade de realizar análises estatísticas complexas e gerar visualizações de dados detalhadas. Algumas das características e pacotes mais importantes de R incluem:

dplyr: pacote para manipulação de dados que simplifica operações de filtragem, seleção e agrupamento de dados.

ggplot2: poderosa biblioteca de visualização de dados baseada na gramática dos gráficos, permitindo a criação de gráficos complexos e personalizáveis.

caret: funções para criação, treinamento e avaliação de modelos preditivos, facilitando a aplicação de técnicas de aprendizado de máquina.

shiny: Uma biblioteca que permite a construção de aplicações web interativas para visualização e análise de dados, tornando mais fácil compartilhar resultados e insights.

tidyr: facilita a transformação e limpeza de dados, tornando-os mais fáceis de trabalhar em análises subsequentes.

R é amplamente utilizado em pesquisas acadêmicas e na indústria, especialmente em áreas que requerem análises estatísticas profundas e visualizações detalhadas.

Sua forte ênfase em estatísticas e gráficos faz dela uma escolha ideal para projetos que exigem análise exploratória de dados e modelagem estatística avançada.

A escolha entre Python e R para mineração de dados depende das necessidades específicas do projeto e da experiência da equipe.

Python é preferido por sua versatilidade, facilidade de uso e ampla gama de bibliotecas para aprendizado de máquina e deep learning, tornando-o ideal para projetos que envolvem grandes volumes de dados e algoritmos complexos.

R, por outro lado, é ideal para análises estatísticas detalhadas e visualizações avançadas, sendo amplamente utilizado em pesquisas acadêmicas e setores onde a análise estatística é fundamental.

Ambas as linguagens são poderosas e, frequentemente, aprender a usar ambas pode ser vantajoso para cientistas de dados que desejam maximizar suas capacidades de análise e modelagem de dados.

II. FUNDAMENTOS DE INTELIGÊNCIA ARTIFICIAL

Introdução à Inteligência Artificial

A inteligência artificial (IA) é um campo da ciência da computação que se concentra na criação de sistemas capazes de realizar tarefas que normalmente exigiriam inteligência humana.

Essas tarefas incluem reconhecimento de fala, compreensão de linguagem natural, visão computacional, tomada de decisões e resolução de problemas. Desde seus primórdios, a IA tem buscado replicar ou simular processos cognitivos humanos, com o objetivo de construir máquinas que possam pensar e agir de maneira autônoma e inteligente.

A evolução da IA tem sido marcada por avanços significativos em algoritmos, poder computacional e disponibilidade de grandes volumes de dados, permitindo o desenvolvimento de sistemas cada vez mais sofisticados e eficazes.

John McCarthy, um dos pioneiros da IA, definiu a inteligência artificial como "a ciência e engenharia de fazer máquinas inteligentes, especialmente programas de computador inteligentes".

Essa definição destaca a dualidade da IA como uma disciplina tanto científica quanto de engenharia, buscando compreender os princípios fundamentais da inteligência e aplicar esse conhecimento para construir sistemas úteis.

A IA engloba uma ampla gama de subcampos, incluindo aprendizado de máquina, redes neurais, sistemas especialistas, robótica e processamento de linguagem natural.

Os objetivos principais da IA podem ser categorizados em duas áreas principais: IA forte e IA fraca. A IA forte refere-se ao desenvolvimento de sistemas que possuem uma inteligência geral comparável à humana, capazes de compreender, aprender e aplicar conhecimento de forma ampla e flexível.

Esse tipo de IA ainda é um objetivo teórico e distante, com muitos desafios técnicos e filosóficos a serem superados. Por outro lado, a IA fraca (ou IA estreita) se concentra em sistemas projetados para realizar tarefas específicas de maneira eficiente e eficaz.

Exemplos de IA fraca incluem assistentes virtuais como Siri e Alexa, sistemas de recomendação em plataformas de streaming e veículos autônomos.

Stuart Russell e Peter Norvig, em seu influente livro "Artificial Intelligence: A Modern Approach", classificam os objetivos da IA em quatro categorias: sistemas que pensam como humanos, sistemas que agem como humanos, sistemas que pensam racionalmente e sistemas que agem racionalmente

Essa categorização fornece uma estrutura abrangente para entender as diversas abordagens e metas dentro do campo da IA. Sistemas que pensam e agem como humanos visam replicar o comportamento humano, enquanto sistemas que pensam e agem racionalmente se concentram em alcançar resultados ótimos baseados em princípios de lógica e tomada de decisão.

Em suma, a inteligência artificial representa uma das fronteiras mais excitantes e desafiadoras da ciência e tecnologia moderna.

Seus objetivos abrangem desde a criação de sistemas especializados que melhoram a eficiência e eficácia em tarefas específicas, até a ambiciosa meta de desenvolver máquinas com inteligência comparável à humana.

Consequentemente com sua evolução, a IA promete transformar numerosos aspectos da sociedade e da economia, levantando também questões éticas e filosóficas importantes sobre o futuro da interação entre humanos e máquinas.

Histórico da Inteligência Artificial

A inteligência artificial (IA) possui uma rica e variada história, marcada por períodos de grande entusiasmo e inovação, bem como momentos de desilusão e reavaliação.

Desde os primeiros conceitos filosóficos até os avanços tecnológicos recentes, a IA tem evoluído continuamente, impulsionada por desenvolvimentos teóricos e práticos em ciência da computação, matemática e neurociência.

A ideia de máquinas inteligentes remonta a tempos antigos, com filósofos gregos como Aristóteles explorando a lógica formal e conceitos de automação.

No entanto, a IA moderna começou a tomar forma no século XX, com o desenvolvimento da teoria da computação por Alan Turing.

Em seu trabalho seminal "Computing Machinery and Intelligence" (1950), Turing propôs o famoso "Teste de Turing" como um critério para determinar se uma máquina poderia exibir comportamento inteligente indistinguível do humano.

A década de 1950 viu a formalização da IA como um campo de estudo. Em 1956, a Conferência de Dartmouth, organizada por John McCarthy, Marvin Minsky, Nathaniel Rochester e Claude Shannon, é frequentemente considerada o marco oficial do nascimento da IA como disciplina acadêmica.

A conferência reuniu pesquisadores interessados em máquinas que poderiam "pensar" e "aprender", estabelecendo as bases para futuras pesquisas e desenvolvimento.

Nos anos seguintes, surgiram os primeiros programas de IA, como o "Logic Theorist" desenvolvido por Allen Newell e Herbert A. Simon, que foi capaz de provar teoremas de lógica matemática. Outro marco importante foi o desenvolvimento do "General Problem Solver" (GPS), também por Newell e Simon, que tentou resolver problemas de forma semelhante ao pensamento humano.

Os anos 1970 e 1980 foram períodos mistos para a IA. Embora houvesse progresso significativo, como o desenvolvimento de sistemas especialistas que podiam realizar tarefas em domínios específicos, como diagnóstico médico (por exemplo, o sistema MYCIN), houve também períodos de frustração.

As altas expectativas não correspondidas e as limitações tecnológicas levaram a períodos conhecidos como "Invernos da IA", onde o financiamento e o interesse diminuíram.

A década de 1990 marcou um ressurgimento da IA, impulsionado pelo aumento do poder computacional e pela disponibilidade de grandes conjuntos de dados.

A vitória do computador Deep Blue da IBM sobre o campeão mundial de xadrez Garry Kasparov em 1997 foi um momento emblemático, demonstrando o potencial das máquinas para superar os humanos em tarefas complexas.

Nos anos 2000, o foco mudou para o aprendizado de máquina, um subcampo da IA que se concentra em algoritmos que permitem que as máquinas aprendam a partir de dados.

A popularidade de técnicas como redes neurais artificiais e aprendizado profundo (deep learning) começou a crescer, levando a avanços em reconhecimento de fala, visão computacional e processamento de linguagem natural.

Nos últimos quinze anos, trouxe avanços rápidos e significativos, impulsionados pela era do Big Data e da computação em nuvem. O aprendizado profundo, em particular, revolucionou a IA, permitindo o desenvolvimento de sistemas como AlphaGo da DeepMind, que derrotou o campeão mundial de Go, um jogo extremamente complexo, em 2016.

Atualmente, a IA está integrada em diversas áreas da vida cotidiana, desde assistentes virtuais e veículos autônomos até diagnósticos médicos avançados e sistemas de recomendação em plataformas digitais.

O campo continua a evoluir rapidamente, com pesquisas focadas em tornar os sistemas de IA mais interpretáveis, éticos e seguros.

Áreas e Aplicações da IA

As principais áreas incluem aprendizado de máquina, visão computacional, processamento de linguagem natural, robótica e IA generativa.

O aprendizado de máquina (ML) desenvolve algoritmos que permitem que máquinas aprendam com dados e melhorem ao longo do tempo. Aplicações incluem sistemas de recomendação (Netflix, Amazon), diagnóstico médico (análise de imagens), e previsão de demanda (gestão de inventário).

A visão computacional permite que máquinas interpretem informações visuais. É usada em reconhecimento facial (segurança e redes sociais), veículos autônomos (navegação e percepção), e análise de imagens médicas (detecção de anomalias).

O processamento de linguagem natural (PLN) facilita a interação entre computadores e linguagem humana. Aplicações incluem assistentes virtuais (Siri, Alexa), tradução automática

(Google Translate), e análise de sentimento (redes sociais, feedbacks de clientes).

A robótica envolve o design de robôs para realizar tarefas físicas. Exemplos incluem robôs industriais (linhas de montagem), robôs de serviço (aspiradores automáticos, entrega em hospitais), e exploração espacial (robôs em Marte).

A IA generativa cria conteúdo original, como arte digital, texto (GPT-3), e síntese de voz (narrações, assistentes virtuais). Revoluciona diversos setores, oferecendo novas oportunidades e enfrentando desafios complexos com suas aplicações transformadoras na forma como vivemos e trabalhamos, com um impacto crescente em inovação e qualidade de vida.

Um dos principais desafios técnicos na IA é a transparência dos modelos, especialmente em aprendizado profundo (deep learning).

Muitas vezes, esses modelos são considerados "caixas pretas", onde as decisões tomadas são difíceis de interpretar.

Isso dificulta a compreensão de como as conclusões foram alcançadas e pode levar a uma falta de confiança nos sistemas de IA.

Segundo Lipton (2016), a interpretabilidade dos modelos de aprendizado de máquina é essencial para assegurar que as decisões tomadas sejam compreensíveis e confiáveis.

Garantir que os sistemas de IA sejam seguros e robustos é crucial, especialmente em aplicações críticas como veículos autônomos e diagnóstico médico.

Os modelos de IA devem ser capazes de lidar com situações inesperadas e resistir a ataques adversariais, onde entradas maliciosas são projetadas para enganar o sistema.

Goodfellow et al. (2014) destacam que os ataques adversariais podem comprometer seriamente a segurança de sistemas de aprendizado profundo, exigindo novas abordagens para melhorar a robustez dos modelos.

Junto com a quantidade de dados crescente de forma exponencial, há necessidade de escalabilidade e eficiência dos algoritmos de IA se torna um desafio significativo.

Desenvolver métodos que possam processar grandes volumes de dados de maneira eficiente e em tempo real é essencial para a aplicabilidade prática da IA.

Dean et al. (2012) discutem a importância de sistemas distribuídos e técnicas de paralelização para lidar com grandes conjuntos de dados de forma eficiente .

Os sistemas de IA podem refletir e até amplificar preconceitos presentes nos dados de treinamento, levando a decisões injustas e discriminatórias em áreas como recrutamento, crédito e policiamento.

Buolamwini e Gebru (2018) demonstram que os algoritmos de reconhecimento facial têm taxas de erro significativamente mais altas para mulheres e pessoas de cor, evidenciando a necessidade de métodos para identificar e mitigar esses vieses .

A coleta e análise de grandes volumes de dados pessoais levantam preocupações significativas sobre privacidade. Implementar medidas rigorosas de segurança de dados e garantir que os indivíduos tenham controle sobre suas informações pessoais são necessarias.

Zarsky (2016) argumenta que a proteção da privacidade deve ser uma prioridade na era da IA, com regulamentações claras para proteger os dados pessoais .

A automação impulsionada pela IA pode levar à substituição de empregos em diversos setores, causando desemprego e desigualdade econômica. Tem o potencial de deslocar trabalhadores, mas também criam oportunidades para novas formas de trabalho, destacando a necessidade de políticas de requalificação e educação contínu .

Determinar quem é responsável pelas decisões tomadas por sistemas de IA é um desafio ético importante. Desenvolver frameworks legais e regulatórios para garantir que haja responsabilidade e prestação de contas é essencial para a implementação segura e ética da IA.

Bryson et al. (2017) discutem a necessidade de regulamentação clara para atribuir responsabilidade em casos de falhas ou danos causados por sistemas de IA.

Os desafios e considerações éticas na inteligência artificial são complexos e multifacetados, exigindo uma abordagem interdisciplinar que envolve cientistas, engenheiros, legisladores e a sociedade em geral.

Abordar essas questões de maneira proativa é fundamental para assegurar que a IA seja desenvolvida e implementada de forma ética e responsável, beneficiando a sociedade como um todo.

Aprendizado de Máquina

O **Aprendizado de Máquina** (ML, do inglês *Machine Learning*) é um campo da inteligência artificial que permite aos computadores aprenderem com dados e melhorarem suas tarefas ao longo do tempo sem serem explicitamente programados para isso.

Segundo Alpaydin (2016), o ML se baseia na ideia de que sistemas podem aprender com dados, identificar padrões e tomar decisões com mínima intervenção humana, promovendo avanços significativos em diversas áreas, como reconhecimento de fala, visão computacional e sistemas de recomendação.

Conceitos Básicos

No núcleo do aprendizado de máquina estão conceitos fundamentais que definem como os modelos aprendem e tomam decisões.

De acordo com Bishop (2006), a ideia central é utilizar dados históricos para construir modelos que possam prever ou tomar decisões baseadas em novos dados. Isso envolve a compreensão de funções de perda, a escolha de hiperparâmetros e a avaliação de desempenho do modelo.

Tipos de Aprendizado

O aprendizado supervisionado é um dos métodos mais comuns e envolve a utilização de um conjunto de dados rotulado para treinar o modelo.

Russell e Norvig (2010) explicam que, neste tipo de aprendizado, o objetivo é aprender um mapeamento de entradas para saídas, usando dados rotulados como base.

Exemplos incluem classificação e regressão, onde o modelo é avaliado pela sua capacidade de prever rótulos corretos para novas entradas.

Diferente do aprendizado supervisionado, o aprendizado não supervisionado não utiliza dados rotulados. Segundo Murphy (2012), o objetivo é encontrar estruturas ou padrões ocultos nos dados. Técnicas comuns incluem agrupamento (clustering) e redução de dimensionalidade.

O agrupamento, por exemplo, tenta agrupar dados similares sem orientação prévia, revelando insights importantes sobre a estrutura dos dados.

O aprendizado semi-supervisionado combina elementos dos métodos supervisionado e não supervisionado. Conforme descrito por Chapelle, Schölkopf e Zien (2006), ele utiliza uma pequena quantidade de dados rotulados junto com uma grande quantidade de dados não rotulados.

Esta abordagem é útil quando a rotulação de dados é cara ou demorada, permitindo que o modelo aproveite os dados não rotulados para melhorar a precisão.

No aprendizado por reforço, um agente aprende a tomar decisões através de tentativa e erro, recebendo recompensas ou penalidades. Sutton e Barto (2018) destacam que este método é inspirado pelo comportamento de aprendizagem em humanos e animais, onde a sequência de ações leva a uma recompensa cumulativa, e o objetivo do agente é maximizar essa recompensa ao longo do tempo.

Algoritmos Comuns

A regressão linear é um algoritmo simples e amplamente utilizado em aprendizado supervisionado para modelar a relação entre uma variável dependente e uma ou mais variáveis independentes.

De acordo com Seber e Lee (2012), a regressão linear tenta ajustar uma linha que minimiza a soma dos quadrados das diferenças entre as previsões do modelo e os valores reais dos dados.

As árvores de decisão são estruturas de modelo que dividem os dados em segmentos com base em valores de características, criando uma árvore de decisões.

Mitchell (1997) explica que cada nó interno representa uma característica, cada ramo representa um resultado de teste, e cada folha representa um rótulo de classe ou valor. Elas são intuitivas e fáceis de interpretar, mas podem sofrer de sobreajuste.

As redes neurais são modelos inspirados pela estrutura do cérebro humano, compostas por camadas de neurônios artificiais. Segundo Goodfellow, Bengio e Courville (2016), as redes neurais são capazes de capturar padrões complexos e são a base do aprendizado profundo (*deep learning*), que é particularmente eficaz em tarefas como reconhecimento de imagem e processamento de linguagem natural.

Avaliar a performance de um modelo de aprendizado de máquina é crucial para garantir sua eficácia. Powers (2011) destaca a importância de métricas como precisão, recall, F1-score e a curva ROC.

Além disso, a validação cruzada é uma técnica importante para avaliar a generalização do modelo, ajudando a evitar o sobreajuste e garantindo que o modelo performe bem em dados não vistos.

O aprendizado de máquina é um campo dinâmico e essencial na era da informação, proporcionando ferramentas poderosas para a análise e interpretação de grandes volumes de dados.

Através de diferentes tipos de aprendizado e algoritmos variados, os modelos de ML são capazes de resolver problemas complexos e oferecer soluções inovadoras.

A contínua pesquisa e desenvolvimento nessa área prometem avanços ainda mais significativos, ampliando o impacto do aprendizado de máquina em diversas esferas da sociedade.

Redes Neurais e Aprendizado Profundo

Estrutura das Redes Neurais

As redes neurais são uma subcategoria do aprendizado de máquina inspirada na estrutura e funcionamento do cérebro humano. Elas são formadas por camadas de unidades chamadas neurônios, que processam informações e transmitem sinais.

Segundo Goodfellow, Bengio e Courville (2016), redes neurais são capazes de aprender representações complexas dos dados, tornando-as particularmente eficazes em tarefas como reconhecimento de imagem e processamento de linguagem natural.

Uma rede neural típica é composta por três tipos de camadas: a camada de entrada, uma ou mais camadas ocultas e a camada de saída.

Cada neurônio em uma camada está conectado a neurônios na camada seguinte através de pesos ajustáveis, conforme descrito por Nielsen (2015).

As redes profundas, ou *deep learning*, possuem muitas camadas ocultas, permitindo a modelagem de padrões complexos e abstrações de alto nível nos dados.

Algoritmo de Backpropagation

O **algoritmo de backpropagation** é uma técnica fundamental no treinamento de redes neurais artificiais. Introduzido por Rumelhart, Hinton e Williams em 1986, este método permite a atualização dos pesos da rede neural a partir do cálculo do gradiente do erro em relação a cada peso.

O processo envolve duas etapas principais: a propagação do sinal de entrada através da rede (forward pass) e a propagação do erro de volta através da rede (backward pass).

Na primeira etapa, a entrada é processada camada por camada até chegar à saída, onde o erro é calculado comparando-se a saída real com a saída desejada.

Este erro é propagado de volta através da rede, na etapa seguinte, sendo ajustados os pesos de acordo com a regra do gradiente descendente para minimizar o erro.

A técnica foi revolucionária, pois tornou viável o treinamento de redes neurais com múltiplas camadas, também conhecidas como redes profundas.

Como observado por Goodfellow, Bengio e Courville, "a backpropagation proporciona uma maneira eficiente de calcular os gradientes que são necessários para ajustar os parâmetros da rede" (Goodfellow et al., 2016).

Conceito de Deep Learning

Deep learning, ou aprendizado profundo, refere-se a uma classe de algoritmos de machine learning que utilizam redes neurais artificiais com muitas camadas (redes neurais profundas).

Este campo ganhou destaque devido à sua capacidade de modelar padrões complexos e representações abstratas a partir de grandes volumes de dados.

Diferente dos métodos de aprendizado de máquina tradicionais que necessitam de engenharia de características, deep learning permite a extração automática de características relevantes dos dados brutos.

Isto é realizado por meio de múltiplas camadas de processamento não-linear, cada uma transformando a representação dos dados de uma maneira hierárquica.

De acordo com Ian Goodfellow, Yoshua Bengio e Aaron Courville, "o deep learning é uma parte da família de métodos de machine learning que são baseados em redes neurais artificiais, diferenciando-se pela profundidade da arquitetura de rede utilizada" (Goodfellow et al., 2016).

Arquiteturas de Deep Learning (CNNs, RNNs, GANs)

As **Convolutional Neural Networks (CNNs)** são um tipo de arquitetura de deep learning particularmente eficaz para tarefas de visão computacional, como reconhecimento de imagens e detecção de objetos.

CNNs utilizam camadas convolucionais que aplicam filtros a pequenas regiões da entrada, permitindo a captura de características espaciais hierárquicas e a redução do número de parâmetros em comparação com redes totalmente conectadas.

Foi inspirada na organização do córtex visual de animais, conforme descrito por LeCun, Bengio e Hinton: "as CNNs são explicitamente projetadas para processar dados que vêm na forma de múltiplas matrizes, como uma imagem com largura e altura" (LeCun et al., 2015).

Projetadas para processar dados sequenciais, as **Recurrent Neural Networks (RNNs)** são ideais para tarefas como processamento de linguagem natural e séries temporais.

A característica distintiva das RNNs é a sua capacidade de manter um estado oculto que captura informações sobre entradas anteriores, permitindo que a rede tenha uma memória de curto prazo.

No entanto, RNNs tradicionais sofrem com problemas de desvanecimento e explosão de gradientes, que limitam sua capacidade de capturar dependências de longo prazo.

Para mitigar esses problemas, foram desenvolvidas variantes como Long Short-Term Memory (LSTM) e Gated Recurrent Units (GRUs).

Conforme discutido por Hochreiter e Schmidhuber, "as LSTMs foram projetadas para superar as limitações das RNNs clássicas, permitindo a captura de dependências de longo prazo de maneira mais eficiente" (Hochreiter & Schmidhuber, 1997).

Introduzida por Ian Goodfellow em 2014, as **Generative Adversarial Networks (GANs)** são uma classe de modelos de deep learning que consiste em duas redes neurais competindo entre si: uma rede geradora e uma rede discriminadora.

A rede geradora cria dados falsos que imitam dados reais, enquanto a rede discriminadora tenta distinguir entre dados reais e falsos.

Este processo de competição, conhecido como jogo min-max, leva ambas as redes a melhorarem continuamente suas respectivas habilidades, resultando em geradores capazes de produzir dados altamente realistas.

Goodfellow et al. destacam que "os GANs oferecem uma abordagem poderosa e versátil para gerar amostras de alta qualidade a partir de distribuições de dados complexas" (Goodfellow et al., 2014).

Processamento de Linguagem Natural (NLP)

O **Processamento de Linguagem Natural (NLP)** é um campo interdisciplinar que combina linguística, ciência da computação e inteligência artificial para permitir que as máquinas compreendam, interpretem e gerem linguagem humana de maneira significativa.

O objetivo do NLP é facilitar a interação entre humanos e computadores, permitindo que os computadores processem e analisem grandes quantidades de dados linguísticos.

A evolução do NLP tem sido impulsionada por avanços em algoritmos de aprendizado de máquina, aumento da capacidade de computação e disponibilidade de grandes volumes de dados textuais.

Segundo Jurafsky e Martin, "o NLP envolve algoritmos que abordam tarefas de linguagem como tradução automática, análise de sentimentos, reconhecimento de fala, e muito mais" (Jurafsky & Martin, 2009).

Técnicas de NLP (Tokenização, Stemming, Lematização)

A **tokenização** é o processo de dividir um texto em unidades menores chamadas "tokens", que podem ser palavras, subpalavras ou caracteres. Este é um passo crucial em muitas aplicações de NLP, pois facilita a análise e manipulação dos dados textuais.

Pode variar em complexidade, desde a simples divisão de texto com base em espaços e pontuações até técnicas mais avançadas que consideram regras linguísticas específicas.

Por exemplo, a tokenização de subpalavras é utilizada em modelos como BERT e GPT, onde as palavras são divididas em subcomponentes para lidar com vocabulários grandes e ricos.

Como Manning, Raghavan e Schütze afirmam, "a tokenização é fundamental para a preparação do texto para a análise subsequente em praticamente todos os sistemas de NLP" (Manning et al., 2008).

O stemming é a técnica de reduzir palavras a suas formas base, ou "raízes", removendo sufixos e prefixos. Esta técnica é usada para tratar variações morfológicas de uma palavra, permitindo que diferentes formas da mesma palavra sejam tratadas de maneira uniforme.

Por exemplo, as palavras "running", "runner" e "ran" podem ser reduzidas à raiz "run". Algoritmos de stemming, como o Porter Stemmer, aplicam uma série de regras de transformação para alcançar este objetivo.

Embora o stemming possa ser eficiente, ele frequentemente resulta em palavras que não são reais, o que pode impactar a precisão de algumas aplicações de NLP.

De acordo com Porter, "o algoritmo de stemming pode ser simples, mas é extremamente eficaz na redução da dimensionalidade dos dados textuais" (Porter, 1980).

A lematização é uma técnica mais avançada que o stemming, pois ela transforma palavras em suas formas base ou "lemmas" considerando o contexto linguístico e a morfologia da palavra.

Diferente do stemming, que pode produzir raízes não reconhecíveis, a lematização utiliza dicionários morfológicos para garantir que a palavra resultante seja uma forma válida. "Running", por exemplo, seria transformado em "run", e "better" seria transformado em "good".

É mais precisa e frequentemente preferida em aplicações que exigem uma compreensão mais profunda da linguagem, embora seja computacionalmente mais intensiva.

Conforme explicam Bird, Klein e Loper, "a lematização requer mais conhecimento linguístico, mas oferece resultados mais precisos e significativos para muitas tarefas de NLP" (Bird et al., 2009).

Modelagem de Linguagem (Bag of Words, TF-IDF, Word Embeddings)

O modelo **Bag of Words (BoW)** é uma abordagem simples e amplamente utilizada para representar textos na modelagem de linguagem. Nele, um texto é representado como um conjunto de palavras, desconsiderando a ordem das palavras, gramática ou contexto.

Cada documento é convertido em um vetor de frequência de palavras, onde cada posição do vetor corresponde a uma palavra no vocabulário total, e o valor nessa posição indica a frequência daquela palavra no documento.

Embora o BoW seja simples de implementar e eficiente em termos computacionais, ele tem limitações significativas, como a incapacidade de capturar o significado semântico e as relações entre palavras. Segundo Manning, Raghavan e Schütze, "o modelo BoW é eficiente para tarefas básicas de

NLP, mas perde informações sobre a ordem e contexto das palavras" (Manning et al., 2008).

TF-IDF (Term Frequency-Inverse Document Frequency) é uma técnica de modelagem de linguagem que melhora o modelo BoW ao considerar não apenas a frequência de termos, mas também a relevância dos termos em relação ao conjunto de documentos.

A TF (frequência do termo) mede a frequência de uma palavra em um documento, enquanto a IDF (frequência inversa do documento) avalia a raridade da palavra em todos os documentos.

O produto dessas duas medidas resulta no valor TF-IDF, que aumenta com a frequência da palavra em um documento, mas é compensado pela raridade da palavra em outros documentos.

Este método ajuda a destacar palavras que são importantes para o conteúdo de um documento específico, mas comuns o suficiente para não serem ruído.

Como observado por Jones, "o TF-IDF é uma ferramenta crucial para a recuperação de informações e mineração de texto" (Jones, 1972).

Word embeddings são representações vetoriais densas de palavras que capturam suas relações semânticas e contextuais em um espaço de alta dimensionalidade. Diferente dos modelos BoW e TF-IDF, os embeddings de palavras preservam a semântica das palavras, permitindo que palavras com significados semelhantes fiquem próximas no espaço vetorial.

Técnicas populares para gerar embeddings incluem Word2Vec, GloVe (Global Vectors for Word Representation) e FastText. Esses métodos utilizam redes neurais para aprender representações distribuídas das palavras com base no contexto em que aparecem nos textos.

Mikolov et al. destacam que "os embeddings de palavras transformam a modelagem de linguagem, permitindo que algoritmos de machine learning compreendam relações semânticas e sintáticas de maneira mais eficaz" (Mikolov et al., 2013).

Aplicações de NLP (Análise de Sentimento, Tradução Automática, Chatbots)

A **análise de sentimento** é uma aplicação popular de NLP que envolve a identificação e extração de opiniões subjetivas em textos, como críticas de produtos, postagens em redes sociais e comentários de clientes.

O objetivo é determinar a polaridade (positiva, negativa ou neutra) e a intensidade das emoções expressas nos textos. Técnicas de NLP, como BoW, TF-IDF e word embeddings, são combinadas com algoritmos de aprendizado de máquina para construir modelos que classificam os sentimentos.

Liu aponta que "a análise de sentimento é vital para empresas que buscam entender a percepção dos clientes e ajustar suas estratégias de acordo" (Liu, 2012).

A **tradução automática** utiliza técnicas de NLP para traduzir textos de uma língua para outra. Modelos tradicionais, como o Statistical Machine Translation (SMT), foram amplamente substituídos por modelos de tradução automática neural (NMT), que utilizam redes neurais profundas para aprender traduções contextualmente precisas.

Modelos avançados como o Transformer, desenvolvido por Vaswani et al., revolucionaram a tradução automática ao permitir traduções mais precisas e fluentes.

"Os modelos de NMT, especialmente os baseados em Transformer, superam significativamente os métodos tradicionais em termos de qualidade de tradução" (Vaswani et al., 2017).

Sistemas de NLP que interagem com usuários através de linguagem natural, os **Chatbots** realizam tarefas como atendimento ao cliente, suporte técnico e consultas informativas. Eles utilizam modelos de linguagem e técnicas de NLP para entender e gerar respostas apropriadas.

Com o avanço de tecnologias como BERT e GPT, os chatbots se tornaram mais sofisticados, capazes de entender contextos complexos e gerar respostas humanizadas.

"Os chatbots modernos, impulsionados por modelos de linguagem avançados, estão transformando a forma como as empresas interagem com seus clientes" (Radziwill & Benton, 2017).

Visão Computacional

Processamento de Imagens

A Visão Computacional é um campo da inteligência artificial que se concentra na capacitação das máquinas para interpretar e compreender o mundo visual.

Utilizando algoritmos avançados, as máquinas são treinadas para processar e analisar imagens e vídeos de maneira semelhante ao olho humano, com aplicações que vão desde reconhecimento facial até condução autônoma.

A visão computacional envolve várias etapas, incluindo a aquisição de imagens, o pré-processamento, a segmentação, a extração de características e o reconhecimento de padrões.

Segundo Szeliski, "a visão computacional visa desenvolver métodos que ajudem os computadores a entender e interpretar o conteúdo visual das imagens e vídeos" (Szeliski, 2010).

O processamento de imagens é uma sub-área crucial da visão computacional que lida com a transformação e análise de imagens digitais para melhorar sua qualidade ou extrair informações úteis.

Pode ser dividido em várias etapas. A primeira etapa no processamento de imagens é a aquisição, onde as imagens são capturadas usando dispositivos como câmeras digitais, scanners ou sensores.

O pré-processamento envolve a aplicação de técnicas para melhorar a qualidade da imagem e preparar os dados para a análise subsequente. Isso pode incluir operações como a remoção de ruído, ajuste de contraste, equalização de histograma e suavização de bordas.

Gonzalez e Woods afirmam que "o pré-processamento é essencial para corrigir e melhorar a imagem antes de realizar qualquer análise detalhada" (Gonzalez & Woods, 2002).

A segmentação é o processo de dividir uma imagem em partes ou objetos distintos, facilitando a análise de componentes específicos. Técnicas comuns de segmentação incluem limiarização, detecção de bordas e clustering. É fundamental para a identificação e reconhecimento de objetos dentro de uma imagem.

Após a segmentação, a extração de características é realizada para identificar e isolar as partes mais relevantes de uma imagem. Formas, texturas, cores, e padrões são úteis para o reconhecimento de objetos.

Haralick et al. descrevem que "a extração de características envolve a transformação da imagem segmentada em uma forma que seja mais fácil de analisar e classificar" (Haralick et al., 1973).

Na etapa de reconhecimento de padrões há a classificação e interpretação das características extraídas para identificar objetos ou padrões na imagem.

Técnicas de aprendizado de máquina, como redes neurais convolucionais (CNNs), são frequentemente usadas para treinar modelos que podem reconhecer e classificar padrões visuais com alta precisão.

De acordo com LeCun, Bengio e Hinton, "as CNNs revolucionaram o reconhecimento de padrões, permitindo avanços significativos na precisão do reconhecimento de objetos" (LeCun et al., 2015).

Detecção e Reconhecimento de Objetos

A detecção e reconhecimento de objetos são sub-áreas fundamentais da visão computacional que se concentram em localizar e identificar objetos específicos dentro de imagens ou vídeos.

São essenciais para uma ampla gama de aplicações, desde segurança e vigilância até sistemas de assistência ao motorista e interfaces homem-máquina.

Envolve a identificação da presença de um ou mais objetos em uma imagem e a determinação de suas posições através de caixas delimitadoras (bounding boxes).

É uma tarefa desafiadora devido à variabilidade de escalas, posições, oclusões e condições de iluminação. Métodos clássicos incluem técnicas baseadas em janelas deslizantes e descritores de características como Histogram of Oriented Gradients (HOG) e SIFT.

No entanto, com o avanço das redes neurais profundas, métodos mais precisos e eficientes foram desenvolvidos, como:

Introduzido por Girshick et al., R-CNN (Region-Based Convolutional Neural Networks) combina a geração de propostas de região com redes neurais convolucionais para classificar cada região proposta.

Já o método de detecção de objetos em tempo real, YOLO (You Only Look Once) processa a imagem inteira de uma só vez, dividindo-a em uma grade e prevendo caixas delimitadoras e probabilidades de classe para cada célula da grade.

Redmon et al. afirmam que "YOLO é extremamente rápido e pode ser usado em aplicações em tempo real" (Redmon et al., 2016).

O método **SSD (Single Shot MultiBox Detector)** usa uma única rede neural para prever caixas delimitadoras e pontuações de classe para múltiplos objetos de diferentes tamanhos.

Assim equilibra precisão e velocidade, sendo adequado para aplicações móveis e de tempo real. "SSD alcança uma boa precisão e é mais eficiente em comparação com métodos baseados em propostas de região" (Liu et al., 2016).

O reconhecimento de objetos vai além da detecção, envolvendo a identificação e classificação dos objetos detectados em categorias específicas.

Redes neurais profundas, especialmente CNNs, têm sido altamente eficazes nesta tarefa, permitindo o desenvolvimento de modelos de classificação robustos que podem reconhecer milhares de classes de objetos.

A AlexNet, uma das primeiras redes neurais profundas a alcançar resultados notáveis no ImageNet Large Scale Visual Recognition Challenge (ILSVRC), foi desenvolvido por Krizhevsky et al., "demonstrou o poder das redes profundas e do uso de GPUs para treinamento em larga escala" (Krizhevsky et al., 2012).

A ResNet (Residual Networks) introduziu a ideia de conexões residuais para treinar redes muito profundas, abordando problemas de degradação do gradiente.

He et al. afirmam que "ResNet permitiu o treinamento de redes extremamente profundas com centenas de camadas, melhorando significativamente a precisão do reconhecimento de objetos" (He et al., 2016).

Aplicações de Visão Computacional

Técnicas de detecção de objetos permitem a identificação de atividades suspeitas, reconhecimento de rostos e rastreamento de indivíduos. Estes sistemas podem enviar alertas em tempo real, aumentando a eficiência e a eficácia da segurança.

Sistemas avançados de assistência ao motorista (ADAS) e veículos autônomos dependem fortemente de visão computacional para tarefas como detecção de pedestres, reconhecimento de sinais de trânsito, detecção de faixas de rodagem e prevenção de colisões.

Estas tecnologias melhoram a segurança nas estradas e são fundamentais para o desenvolvimento de carros autônomos.

Na área da saúde, a visão computacional é utilizada para análise de imagens médicas, como radiografias, ressonâncias magnéticas e tomografias computadorizadas. São aplicadas para detectar anomalias, como tumores e doenças, auxiliando médicos no diagnóstico preciso e precoce.

Na indústria e no comércio, a visão computacional é aplicada em sistemas de controle de qualidade, inspeção automatizada e gestão de inventário. Por exemplo, sistemas de visão podem detectar defeitos em produtos, monitorar linhas de produção e automatizar a contagem e rastreamento de itens em armazéns.

III. INTEGRAÇÃO DE MINERAÇÃO DE DADOS E IA

Mineração de Dados + IA

A integração de técnicas de mineração de dados e inteligência artificial (IA) proporciona um ambiente poderoso para a extração de conhecimento e tomada de decisões.

A mineração de dados é o processo de descobrir padrões ocultos e informações valiosas a partir de grandes conjuntos de dados, utilizando métodos estatísticos e algoritmos de aprendizado de máquina.

A IA, por outro lado, envolve a criação de sistemas inteligentes capazes de realizar tarefas que normalmente requerem inteligência humana, como percepção, raciocínio e aprendizado.

A complementaridade entre essas técnicas reside na capacidade da mineração de dados de fornecer insights detalhados e estruturados, enquanto a IA pode interpretar, generalizar e utilizar esses insights para fazer previsões e decisões autônomas.

Por exemplo, algoritmos de mineração de dados podem identificar padrões em dados históricos que podem ser usados para treinar modelos de IA, permitindo que esses modelos façam previsões precisas em dados novos e não vistos.

Segundo Han, Kamber e Pei, "a mineração de dados pode ser vista como uma etapa preliminar para alimentar modelos de IA com dados processados e significativos" (Han et al., 2011).

Complementaridade das Técnicas

Em aprendizado supervisionado, um conjunto de dados rotulado é utilizado para treinar modelos de IA. Técnicas de mineração de dados podem ser empregadas para preparar esses dados, realizando tarefas como limpeza de dados, seleção de características e transformação de dados.

Aplicada, por exemplo, na previsão de churn de clientes, a mineração de dados pode identificar características significativas que influenciam a saída dos clientes, e esses dados são então usados para treinar um modelo de classificação, como uma rede neural ou uma máquina de vetores de suporte (SVM).

A análise preditiva envolve o uso de técnicas de mineração de dados para identificar padrões e tendências que podem ser usados para prever resultados futuros.

Esses padrões são então incorporados em modelos de IA que podem realizar previsões contínuas.

Um exemplo clássico é a previsão de demanda em cadeias de suprimentos, onde técnicas de mineração de dados analisam dados históricos de vendas para identificar padrões sazonais e de tendência, e modelos de IA utilizam esses padrões para prever futuras demandas de produtos.

Exemplos de Integração e Casos de Uso Reais

Quando combinada com técnicas de NLP, esta integração permite a análise profunda de textos para tarefas como análise de sentimentos, classificação de tópicos e extração de entidades.

Em sistemas de análise de sentimentos, a mineração de textos pode identificar palavras e frases significativas que são utilizadas por modelos de IA, como BERT ou GPT, para avaliar o sentimento expresso em resenhas de produtos ou postagens em redes sociais.

Na área da saúde, a integração de mineração de dados e IA está revolucionando a medicina personalizada. Técnicas de mineração de dados são usadas para analisar grandes volumes de dados de pacientes, identificando padrões que correlacionam características genéticas e comportamentais com respostas a tratamentos.

Esses insights são então utilizados por modelos de IA para prever a eficácia de tratamentos específicos para novos pacientes, permitindo abordagens mais personalizadas e eficazes.

Obermeyer e Emanuel destacam que "a combinação de grandes dados clínicos com algoritmos de IA pode melhorar significativamente a precisão dos diagnósticos e a personalização dos tratamentos" (Obermeyer & Emanuel, 2016).

No setor financeiro, a detecção de fraudes é um desafio crítico onde a integração de mineração de dados e IA tem se mostrado altamente eficaz.

Técnicas são usadas para identificar padrões suspeitos em transações financeiras históricas, enquanto modelos de IA são treinados para reconhecer e prever comportamentos fraudulentos em tempo real. Este processo permite que instituições financeiras detectem e respondam rapidamente a atividades suspeitas, minimizando perdas.

Segundo Ngai et al., "a aplicação combinada de mineração de dados e algoritmos de IA pode detectar padrões complexos de fraudes que seriam difíceis de identificar manualmente" (Ngai et al., 2011).

Em marketing, a análise do comportamento do consumidor beneficia-se enormemente da integração de mineração de dados e IA. Dados de transações, interações em redes sociais e histórico de navegação analisados permitem segmentar consumidores em diferentes grupos com base em seus comportamentos e preferências.

Modelos de IA são então usados para personalizar campanhas de marketing, recomendando produtos e ofertas que provavelmente interessarão a cada segmento de consumidores.

"A personalização em marketing é significativamente aprimorada quando a análise de dados é combinada com modelos preditivos de IA", afirma Kumar (Kumar, 2013).

Big Data e IA

Conceito

Big Data refere-se a conjuntos de dados extremamente grandes e complexos que são difíceis de processar e analisar usando ferramentas de gerenciamento de dados tradicionais.

Esses dados podem ser gerados a partir de uma variedade de fontes, incluindo redes sociais, sensores, transações comerciais, logs de servidores e muito mais. A principal característica de Big Data é definida pelos "5 Vs": Volume, Variedade, Velocidade, Veracidade e Valor.

Volume é a quantidade massiva de dados gerados a cada segundo enquanto variedade indica os diferentes tipos de dados, incluindo estruturados, semiestruturados e não estruturados.

A velocidade se refere à velocidade com que novos dados são gerados e processados. Já a veracidade envolve a precisão e confiabilidade dos dados. Finalizando, o valor se destaca pela importância de extrair insights valiosos dos dados.

Big Data tem revolucionado várias indústrias ao permitir análises mais detalhadas, previsões mais precisas e melhores tomadas de decisão baseadas em dados.

De acordo com Marr, "Big Data não é apenas sobre o volume de dados, mas sobre a habilidade de usar esses dados para transformar negócios e processos" (Marr, 2015).

Tecnologias de Big Data

Apache Hadoop é um framework de código aberto que permite o processamento distribuído de grandes conjuntos de dados em clusters de computadores usando um modelo de programação simples. Ele consiste em dois componentes principais.

O **HDFS (Hadoop Distributed File System)**, um sistema de arquivos distribuído que permite o armazenamento de grandes volumes de dados através de múltiplos nós.

O outro componente é o **MapReduce,** modelo de programação que permite a execução de tarefas de processamento de dados em paralelo em um cluster.

Ele divide uma tarefa em sub-tarefas menores (map) que são processadas simultaneamente, e depois combina os resultados (reduce).

Hadoop é amplamente utilizado por sua capacidade de escalabilidade e tolerância a falhas, permitindo o processamento eficiente de grandes volumes de dados.

"Hadoop se tornou o backbone da maioria das arquiteturas de Big Data devido à sua capacidade de processar grandes quantidades de dados de maneira distribuída" (White, 2012).

Apache Spark é um framework de processamento de dados em tempo real que melhora o modelo de MapReduce do Hadoop. Ele é conhecido por sua velocidade e facilidade de uso, proporcionando APIs de alto nível em Java, Scala, Python e R, além de suportar operações complexas de processamento de dados.

A **Resilient Distributed Dataset (RDD)** é a estrutura de dados fundamental do Spark, que permite operações de processamento de dados distribuídas e tolerantes a falhas. O Spark SQL permite consultas estruturadas em grandes conjuntos de dados utilizando SQL, enquanto o Spark Streaming habilita o processamento de dados em tempo real.

A biblioteca de aprendizado de máquina MLlib facilita a construção de algoritmos de aprendizado de máquina escaláveis. Já o GraphX é uma API para processamento gráfico e computação paralela.

Spark é altamente eficiente em memória, o que permite o processamento de dados em velocidades significativamente mais rápidas em comparação com o Hadoop. Zaharia et al. destacam que "Spark pode ser até 100 vezes mais rápido que o Hadoop para certas aplicações em memória" (Zaharia et al., 2016).

Desafios e Soluções para Big Data em IA

O processamento e armazenamento de grandes volumes de dados requerem infraestrutura robusta e eficiente. Integrar e analisar diferentes tipos de dados (estruturados, semiestruturados e não estruturados) pode ser complicado.

A necessidade de processar dados em tempo real requer soluções que possam lidar com altas taxas de entrada de dados. Além disso, garantir a qualidade e a confiabilidade dos dados (veracidade) é crucial para análises precisas.

Usar frameworks como Hadoop e Spark para processar dados de maneira distribuída permite a escalabilidade horizontal.

Na integração de dados, um caminho é a adoção de plataformas que podem lidar com diferentes formatos de dados, como Apache NiFi.

Soluções como Apache Spark Streaming e Apache Flink para processamento de dados em tempo real e Apache Atlas para governança de dados, contribuem para garantir a qualidade e integridade dos dados (Apache Atlas).

Aplicações Avançadas

Mineração de Dados em Redes Sociais

A mineração de dados em redes sociais envolve a análise de grandes volumes de dados gerados por usuários em plataformas como Facebook, Twitter, Instagram e LinkedIn.

Esses dados incluem postagens, curtidas, compartilhamentos, comentários e conexões entre usuários, oferecendo uma rica fonte de informações para entender comportamentos, tendências e interações sociais.

Aplicar a análise de sentimentos por processamento de linguagem natural (NLP) facilita determinar as opiniões e emoções expressas pelos usuários em suas postagens.

Podemos citar a aplicabilidade em identificar grupos de usuários que interagem frequentemente entre si, usando algoritmos de grafos como o algoritmo de Louvain. Além disso, análisar a influência de quais usuários têm maior impacto em suas redes, utilizando métricas como centralidade de grau, centralidade de intermediação e centralidade de proximidade.

Fabricantes e marcas se beneficiam da análise de sentimentos para entender a percepção pública sobre seus produtos e ajustar suas estratégias de marketing em tempo real.

Algoritmos de mineração de dados também pode ser utilizados na detecção de *Fake News*, combatendo a disseminação de informações falsas.

Sistemas de Recomendação

Os sistemas de recomendação são algoritmos que sugerem itens aos usuários com base em suas preferências e comportamento anterior. São amplamente utilizados em plataformas de e-commerce, streaming de mídia, redes sociais e muitos outros serviços online.

A **Filtragem Colaborativa** baseia-se nas preferências e comportamentos de usuários semelhantes para recomendar itens.

Existem duas abordagens principais, A **Baseada em Usuário,** em que se recomenda itens que usuários semelhantes gostaram; e a que indica itens semelhantes aos que o usuário já gostou (**Baseada em Itens**).

Já a **Filtragem Baseada em Conteúdo** sugere itens semelhantes aos que o usuário já consumiu, analisando características dos itens.

Os **Modelos Híbridos** combinam técnicas de filtragem colaborativa e baseada em conteúdo para melhorar a precisão das recomendações.

No cotidianto, a Netflix aplica sistemas de recomendação para sugerir filmes e séries com base no histórico de visualização dos usuários.

Frequentemente a Amazon recomenda produtos aos clientes com base em suas compras anteriores e nos comportamentos de outros usuários semelhantes. Na música, a Spotify cria playlists personalizadas para os usuários com base em suas preferências musicais.

Análise Preditiva

A análise preditiva usa técnicas de mineração de dados, estatísticas e aprendizado de máquina para prever futuros resultados com base em dados históricos. É uma ferramenta poderosa em diversas indústrias para tomar decisões informadas e proativas.

Os modelos que relacionam variáveis independentes a uma variável dependente para prever resultados contínuos ou categóricos podem prever risco de crédito e detecção de fraudes financeiras.

Ao dividir dados em segmentos baseados em características preditivas pode-se atuar na previsão de falhas de equipamentos para manutenção preditiva.

Outra aplicabilidade é na previsão de surtos de doenças e personalização de tratamentos médicos pela análise de relações complexas entre variáveis para fazer previsões precisas.

Automação e Robótica

Automação e robótica envolvem o uso de máquinas e algoritmos para realizar tarefas com pouca ou nenhuma intervenção humana. A integração de IA e Big Data tem revolucionado este campo, permitindo a criação de sistemas autônomos altamente eficientes.

A Aprendizado por Reforço é uma técnica que treina agentes robóticos a tomar decisões através de interações com o ambiente para maximizar uma recompensa.

Pela Visão Computacional os robôs conseguem "ver" e interprar o mundo ao seu redor usando câmeras e algoritmos de processamento de imagem. Com algoritmos de aprendizado de máquina se ajusta dinamicamente os parâmetros de controle de um robô em tempo real.

Assim, será cada vez mais comum veículos autônomos guiados por algoritmos de IA para navegar e tomar decisões em tempo real, robôs que gerenciam o estoque e executam tarefas de picking e packing de forma eficiente ou que fazem cirurgias de precisão ou ajudam em terapias de reabilitação.

IV: ESTUDOS DE CASO E PROJETOS PRÁTICOS

Estudo de Caso 1: Mineração de Dados em Saúde

A mineração de dados na saúde é um campo em rápido crescimento, impulsionado pelo aumento exponencial dos dados de saúde digitais.

Os dados provenientes de registros eletrônicos de saúde (EHRs), dispositivos médicos, testes laboratoriais, imagens médicas, e até dispositivos vestíveis, têm potencial para transformar a prática médica ao fornecer insights mais profundos sobre a saúde dos pacientes e a eficácia dos tratamentos.

Han, Kamber e Pei destacam que "a mineração de dados pode descobrir padrões significativos em grandes volumes de dados médicos, que podem melhorar a assistência ao paciente e a pesquisa médica" (Han et al., 2011).

Um dos principais benefícios da mineração de dados na saúde é a capacidade de prever e detectar doenças precocemente. Por exemplo, algoritmos de aprendizado de máquina podem analisar dados de EHRs para identificar padrões que precedem o desenvolvimento de doenças crônicas como diabetes e doenças cardíacas.

Segundo Obermeyer e Emanuel, "a predição de doenças com base em grandes volumes de dados clínicos pode levar a intervenções precoces e melhorar os resultados dos pacientes" (Obermeyer & Emanuel, 2016).

A personalização de tratamentos, também conhecida como medicina de precisão, é outro benefício significativo. Analisando dados genômicos juntamente com históricos médicos, é possível determinar quais tratamentos serão mais eficazes para indivíduos específicos.

Tratamentos personalizados para câncer podem ser desenvolvidos ao entender as mutações genéticas específicas de um tumor. Collins e Varmus argumentam que "a medicina de precisão tem o potencial de mudar drasticamente a maneira como as doenças são tratadas, tornando os tratamentos mais eficazes e menos tóxicos" (Collins & Varmus, 2015).

A mineração de dados também pode otimizar a gestão de recursos hospitalares. Analisando dados de admissão, alta e ocupação de leitos, os hospitais podem prever picos de demanda e alocar recursos de forma mais eficiente.

Uma pesquisa de W. Sun e colegas revelou que "os modelos preditivos podem ajudar os hospitais a gerenciar melhor seus recursos, reduzindo o tempo de espera e melhorando a qualidade do atendimento" (Sun et al., 2012).

A redução de rehospitalizações é uma área crítica onde a mineração de dados tem demonstrado eficácia. Ao identificar fatores de risco para a readmissão hospitalar, como comorbidades e histórico de tratamentos, é possível desenvolver intervenções preventivas.

De acordo com Van Walraven et al., "o uso de dados para prever e prevenir rehospitalizações pode melhorar significativamente a qualidade do atendimento e reduzir os custos de saúde" (Van Walraven et al., 2011).

A análise de eficácia de tratamentos também se beneficia da mineração de dados. Estudos observacionais usando grandes conjuntos de dados podem complementar ensaios clínicos controlados, fornecendo evidências sobre a eficácia de tratamentos em populações diversas.

Concato, Shah, e Horwitz observam que "estudos baseados em dados observacionais podem fornecer informações valiosas sobre a eficácia de tratamentos no mundo real, além dos ambientes controlados dos ensaios clínicos" (Concato et al., 2000).

A descoberta de novos medicamentos pode ser acelerada pela mineração de dados. Técnicas de análise de grandes volumes de dados biológicos e químicos permitem a identificação de novos alvos terapêuticos e compostos potenciais.

Li et al. sugerem que "a mineração de dados pode reduzir significativamente o tempo e os custos associados à descoberta de novos medicamentos" (Li et al., 2011).

A melhoria contínua da qualidade do atendimento é outro benefício da mineração de dados. Ao analisar dados de desempenho e resultados clínicos, os hospitais podem identificar áreas de melhoria e implementar práticas baseadas em evidências. Segundo Bates et al., "a análise de dados clínicos pode informar políticas e práticas que melhoram a segurança do paciente e a qualidade do atendimento" (Bates et al., 2003).

A gestão de doenças crônicas pode ser significativamente aprimorada pela mineração de dados. Monitorando continuamente os dados dos pacientes, como medições de glicose ou pressão arterial, os provedores de saúde podem ajustar os tratamentos em tempo real para evitar complicações.

Tang et al. afirmam que "a integração de dados de saúde contínuos com intervenções personalizadas pode melhorar o controle de doenças crônicas e reduzir as hospitalizações" (Tang et al., 2015).

A prevenção de erros médicos é uma área crítica onde a mineração de dados pode fazer uma diferença significativa. Analisando padrões em erros anteriores, é possível desenvolver sistemas de alerta precoce que previnem a repetição desses erros.

Kohn, Corrigan, e Donaldson destacam que "o uso de dados para identificar e prevenir erros médicos pode salvar vidas e melhorar significativamente a segurança do paciente" (Kohn et al., 2000).

O monitoramento de saúde pública pode ser aprimorado pela mineração de dados em tempo real. Analisando dados de diversas fontes, incluindo redes sociais, registros hospitalares e dados de sensores, é possível detectar surtos de doenças e responder rapidamente.

Brownstein et al. afirmam que "a integração de dados em tempo real pode permitir respostas mais rápidas e eficazes a ameaças de saúde pública" (Brownstein et al., 2008).

A pesquisa epidemiológica se beneficia enormemente da mineração de dados. Grandes conjuntos de dados permitem estudos de coorte e análises longitudinais que identificam fatores de risco para várias doenças.

A análise de dados epidemiológicos pode informar políticas de saúde pública e estratégias de prevenção. Porta et al. observam que "a mineração de grandes conjuntos de dados epidemiológicos pode revelar associações importantes que não seriam detectáveis em estudos menores" (Porta et al., 2014).

Finalmente, a integração de dados de diversas fontes é essencial para uma visão holística da saúde dos pacientes. Combinando dados clínicos, genômicos, comportamentais e ambientais, é possível obter uma compreensão mais completa dos determinantes da saúde.

Raghupathi e Raghupathi destacam que "a integração de dados de múltiplas fontes pode fornecer insights poderosos que melhoram a prevenção, o diagnóstico e o tratamento de doenças" (Raghupathi & Raghupathi, 2014).

Estudo de Caso 2: Aplicação de IA em Finanças

A aplicação de Inteligência Artificial (IA) no setor financeiro tem transformado radicalmente a forma como as instituições operam, gerenciam riscos e interagem com clientes.

Utilizando técnicas avançadas de IA, como aprendizado de máquina, processamento de linguagem natural (NLP) e redes neurais, as empresas financeiras estão aprimorando suas capacidades de previsão, automação e personalização de serviços.

Uma das aplicações mais notáveis da IA nas finanças é a previsão de mercado e análise de investimentos. Ao analisar grandes volumes de dados históricos, identifica padrões que humanos poderiam facilmente perder, melhorando constantemente suas previsões.

De acordo com Gu, Kelly e Xiu, "os métodos de aprendizado de máquina oferecem uma abordagem poderosa para previsão de retornos financeiros e gestão de portfólios, superando frequentemente modelos tradicionais" (Gu et al., 2020).

A detecção de fraude é uma área crítica onde a IA tem mostrado grande eficácia. Algoritmos de aprendizado de máquina podem analisar transações em tempo real, identificando padrões anômalos que indicam possíveis fraudes.

Esses sistemas podem aprender com cada incidente de fraude detectado, melhorando continuamente sua precisão. Bhattacharyya et al. afirmam que "o uso de técnicas de aprendizado de máquina na detecção de fraude tem resultado em taxas de detecção significativamente mais altas e menos falsos positivos comparado aos métodos tradicionais" (Bhattacharyya et al., 2011).

Tradicionalmente, a concessão de crédito era baseada em modelos estáticos que consideravam apenas um número limitado de fatores.

Com a IA, é possível analisar uma vasta gama de dados, incluindo comportamentos de pagamento, dados de redes sociais e histórico de transações, para avaliar melhor o risco de crédito.

Khandani, Kim e Lo destacam que "modelos de aprendizado de máquina podem fornecer avaliações de crédito mais precisas e justas, reduzindo o risco para os credores e aumentando o acesso ao crédito para os consumidores" (Khandani et al., 2010).

Em evidêmncia, os robo-advisors são plataformas de aconselhamento financeiro automatizado que utilizam IA para fornecer recomendações de investimento personalizadas.

Analisam as metas financeiras, perfil de risco e situação financeira do cliente para criar estratégias de investimento sob medida. Os robo-advisors têm democratizado o acesso a serviços de consultoria financeira, oferecendo soluções de investimento de baixo custo e acessíveis a um público mais amplo.

Ferramentas de automação de processos robóticos (RPA) combinadas com IA podem executar tarefas repetitivas com alta precisão, liberando recursos humanos para atividades mais estratégicas.

Vasarhelyi e Alles argumentam que "a automação inteligente está transformando a contabilidade e auditoria, melhorando a eficiência e reduzindo erros" (Vasarhelyi & Alles, 2010).

Chatbots e assistentes virtuais utilizam NLP para interagir com clientes, respondendo a perguntas comuns e resolvendo problemas de forma rápida e eficiente.

McLean e Osei-Frimpong afirmam que "os assistentes virtuais impulsionados por IA estão redefinindo a experiência do cliente, oferecendo suporte contínuo e personalizado" (McLean & Osei-Frimpong, 2017).

Modelos preditivos de IA podem avaliar o risco de mercado, risco de crédito e risco operacional com maior precisão, permitindo que as instituições tomem decisões mais informadas.

Selon e Perignon ressaltam que "o uso de IA na gestão de riscos permite uma análise mais detalhada e em tempo real, melhorando a capacidade de resposta das instituições a mudanças no mercado" (Selon & Perignon, 2018).

Analisando dados de clientes, as instituições financeiras podem oferecer produtos personalizados que atendam às necessidades específicas de cada cliente.

Segundo Duarte e Xu, "a personalização orientada por IA pode aumentar significativamente a satisfação do cliente e a lealdade, ao mesmo tempo em que melhora a eficiência operacional" (Duarte & Xu, 2018).

A análise de sentimento de mercado envolve a avaliação das emoções e opiniões expressas em textos, como notícias financeiras e redes sociais, para prever movimentos de mercado. Ferramentas de NLP são usadas para analisar grandes volumes de texto, identificando tendências que podem influenciar os preços dos ativos.

Bollen, Mao e Zeng destacam que "a análise de sentimento baseada em IA pode fornecer insights valiosos sobre as expectativas do mercado e ajudar os investidores a tomar decisões informadas" (Bollen et al., 2011).

A conformidade regulatória é uma área desafiadora para as instituições financeiras, dada a complexidade e o volume das regulamentações.

A IA pode ajudar a monitorar transações e atividades financeiras, garantindo que estejam em conformidade com as normas regulatórias.

Shroff observa que "a tecnologia de IA está sendo cada vez mais utilizada para automatizar e melhorar os processos de compliance, reduzindo o risco de não conformidade e as penalidades associadas" (Shroff, 2018).

A gestão de carteiras utilizando IA envolve a aplicação de algoritmos avançados para otimizar a composição de ativos, balanceando risco e retorno. Esses algoritmos podem adaptar-se rapidamente às mudanças nas condições do mercado, reequilibrando carteiras de forma eficiente.

Jegadeesh e Titman afirmam que "a IA na gestão de carteiras pode melhorar o desempenho ao explorar dados complexos e padrões que não são facilmente perceptíveis por métodos tradicionais" (Jegadeesh & Titman, 1993).

A prevenção de lavagem de dinheiro (AML) é uma área crucial onde a IA tem mostrado grande potencial. Algoritmos de aprendizado de máquina podem identificar transações suspeitas, ajudando as instituições financeiras a cumprir as regulamentações e evitar atividades ilícitas.

Chen e Liu sugerem que "a aplicação de IA na AML permite uma detecção mais precisa e rápida de atividades suspeitas, melhorando a eficácia dos programas de conformidade" (Chen & Liu, 2019).

Estudo de Caso 3: Análise de Sentimento em Mídias Sociais

A análise de sentimento em mídias sociais é uma área emergente dentro da mineração de dados que tem atraído crescente interesse acadêmico e industrial.

Essa técnica envolve a utilização de métodos computacionais para identificar e extrair informações subjetivas de textos, como opiniões, sentimentos e emoções expressos pelos usuários.

Segundo Pang e Lee (2008), a análise de sentimento, também conhecida como opinião mining, é fundamental para entender as percepções do público sobre produtos, serviços e eventos, contribuindo para a tomada de decisão estratégica das empresas.

No contexto das mídias sociais, a análise de sentimento se beneficia da vasta quantidade de dados gerados diariamente pelos usuários.

Redes sociais como Twitter, Facebook e Instagram oferecem uma rica fonte de informações em tempo real, permitindo que as empresas monitorem a reputação de suas marcas e respondam rapidamente a crises (Liu, 2012).

Além disso, a análise de sentimento pode ser aplicada em campanhas de marketing digital, permitindo uma segmentação mais precisa do público-alvo e a personalização de mensagens (He, Zha, & Li, 2013).

Uma das principais abordagens na análise de sentimento é o uso de técnicas de aprendizado de máquina para classificar textos em categorias como positivo, negativo ou neutro.

Algoritmos como Support Vector Machines (SVM), Naive Bayes e redes neurais têm sido amplamente utilizados nesse contexto (Sebastiani, 2002). A precisão dessas técnicas depende da qualidade dos dados de treinamento e das características extraídas dos textos, como a presença de palavras-chave, emoticons e expressões idiomáticas.

Recentemente, modelos baseados em deep learning, como redes neurais convolucionais (CNNs) e redes neurais recorrentes (RNNs), têm demonstrado resultados promissores na análise de sentimento em mídias sociais.

Esses modelos são capazes de capturar relações mais complexas e contextuais entre palavras, melhorando a acurácia das previsões (Socher et al., 2013).

Por exemplo, o modelo BERT (Bidirectional Encoder Representations from Transformers) tem se destacado por sua capacidade de entender o contexto bidirecional das frases, oferecendo uma análise mais precisa dos sentimentos (Devlin et al., 2019).

Outro aspecto crucial da análise de sentimento é o tratamento da linguagem natural (NLP). Processar textos escritos em linguagem natural envolve desafios como ambiguidade semântica, ironia e sarcasmo, que podem distorcer a interpretação dos sentimentos expressos (Cambria et al., 2017).

Ferramentas de NLP avançadas, como a tokenização, lematização e análise de sintaxe, são essenciais para preparar os dados de texto para análise de sentimento.

A aplicação da análise de sentimento vai além do marketing e da gestão da reputação. Ela também tem sido utilizada em áreas como política e saúde pública.

Em política, por exemplo, a análise de sentimento pode ajudar a medir a opinião pública sobre candidatos e políticas, informando campanhas e estratégias eleitorais (Tumasjan et al., 2010).

Na saúde pública, a análise de dados de mídias sociais pode identificar preocupações e tendências emergentes relacionadas a doenças, ajudando na resposta a surtos e na comunicação de riscos (Paul & Dredze, 2011).

Apesar das vantagens, a análise de sentimento em mídias sociais enfrenta desafios significativos, como a necessidade de lidar com grandes volumes de dados e a variação linguística entre diferentes usuários e plataformas.

A evolução contínua das técnicas de aprendizado de máquina e NLP é fundamental para superar esses desafios e melhorar a acurácia e a eficiência das análises (Zhang, Wang, & Liu, 2018).

Em conclusão, a análise de sentimento em mídias sociais é uma ferramenta poderosa para a mineração de dados, proporcionando insights valiosos sobre as percepções do público.

Com o avanço das tecnologias de aprendizado de máquina e NLP, espera-se que essa área continue a evoluir, oferecendo novas oportunidades para empresas e pesquisadores explorarem os sentimentos e opiniões expressos nas mídias sociais de maneira cada vez mais sofisticada e precisa.

CONSIDERAÇÕES FINAIS

Tendências Futuras em Mineração de Dados e IA

As tendências futuras nesta área prometem transformar significativamente diversos setores, desde a saúde até as finanças, além de impactar a vida cotidiana de maneiras ainda inimagináveis.

Uma das principais tendências futuras em mineração de dados é o uso crescente de aprendizado profundo (deep learning). Redes neurais profundas, especialmente as redes neurais convolucionais (CNNs) e redes neurais recorrentes (RNNs), têm mostrado um desempenho impressionante em tarefas como reconhecimento de imagem, processamento de linguagem natural e previsão de séries temporais.

Modelos como GPT-4 e BERT já estão revolucionando a análise de texto, e futuras inovações neste campo provavelmente levarão a uma compreensão ainda mais sofisticada e precisa de dados complexos (LeCun, Bengio, & Hinton, 2015).

Outra tendência importante é a integração de IA e mineração de dados com a Internet das Coisas (IoT). Com bilhões de dispositivos conectados gerando um volume massivo de dados, há uma necessidade crescente de métodos avançados para analisar e extrair informações úteis dessas fontes.

A combinação de IoT com técnicas de IA permitirá a criação de sistemas mais inteligentes e autônomos, capazes de monitorar, analisar e reagir a dados em tempo real, melhorando a eficiência operacional em diversos setores (Gubbi et al., 2013).

A personalização também será uma tendência significativa. A capacidade de analisar grandes quantidades de dados para entender as preferências individuais e comportamentos permitirá que empresas ofereçam experiências altamente personalizadas.

Isso pode ser observado em plataformas de streaming, e-commerce e publicidade digital, onde algoritmos de recomendação avançados utilizam mineração de dados e IA para fornecer conteúdo e produtos específicos para cada usuário (Ricci, Rokach, & Shapira, 2011).

Além disso, a mineração de dados e IA estão sendo cada vez mais aplicadas na saúde. A análise de grandes volumes de dados médicos pode ajudar na detecção precoce de doenças, personalização de tratamentos e gestão de saúde pública. Modelos preditivos e sistemas de suporte à decisão clínica baseados em IA podem melhorar significativamente os resultados dos pacientes e a eficiência dos sistemas de saúde (Esteva et al., 2019).

A ética e a transparência na IA também são questões emergentes que moldarão o futuro da mineração de dados. Com a crescente preocupação sobre viés algorítmico, privacidade de dados e uso responsável da IA, haverá uma demanda por frameworks éticos e regulatórios robustos.

A transparência nos modelos de IA, através de técnicas como explicabilidade e auditabilidade, será crucial para garantir a confiança e aceitação dessas tecnologias pela sociedade (Floridi et al., 2018).

A edge computing é outra tendência promissora. Com a necessidade de processamento de dados mais rápido e eficiente, mover a computação para a borda da rede, próximo às fontes de dados, pode reduzir a latência e o consumo de largura de banda. Isso é especialmente relevante para aplicações em tempo real, como veículos autônomos e cidades inteligentes, onde decisões rápidas são cruciais (Shi et al., 2016).

A colaboração entre IA e humanos, conhecida como inteligência aumentada, também está em ascensão. Em vez de substituir os humanos, a IA será usada para amplificar as capacidades humanas, fornecendo insights e assistências que melhoram a tomada de decisão e a produtividade.

Ferramentas baseadas em IA que ajudam profissionais em áreas como educação, design e engenharia estão se tornando cada vez mais comuns (Davenport & Kirby, 2016).

Em resumo, as tendências futuras em mineração de dados e IA apontam para um mundo mais conectado, eficiente e personalizado. Os avanços tecnológicos continuarão a quebrar barreiras, proporcionando novas oportunidades e desafios.

A integração dessas tecnologias em nossa vida diária exigirá uma abordagem cuidadosa e ética para maximizar os benefícios enquanto se minimizam os riscos.

Reflexões

A capacidade de extrair conhecimento útil a partir de grandes volumes de dados e de aplicar esse conhecimento de forma inteligente está redefinindo a maneira como as empresas operam, como os governos gerenciam políticas públicas e como os indivíduos interagem com a tecnologia no dia a dia.

Uma das principais considerações é o impacto econômico da IA e da mineração de dados. Essas tecnologias têm o potencial de aumentar significativamente a produtividade e a eficiência, levando a inovações que podem gerar novas indústrias e transformar as existentes.

A automatização de tarefas repetitivas e a capacidade de tomar decisões baseadas em dados permitem que as empresas se concentrem em atividades mais estratégicas e criativas, resultando em um crescimento econômico sustentado.

No entanto, a adoção generalizada da IA e da mineração de dados também levanta preocupações sobre o futuro do trabalho. A automação pode levar à substituição de empregos em várias áreas, especialmente em tarefas rotineiras e manuais.

Isso exige uma requalificação da força de trabalho e a criação de novas oportunidades de emprego em setores emergentes, bem como a implementação de políticas públicas que promovam uma transição justa e inclusiva para a economia digital.

Outra consideração crítica é a ética e a responsabilidade no uso da IA e da mineração de dados. As questões de privacidade de dados, viés algorítmico e transparência são centrais para garantir que essas tecnologias sejam usadas de maneira justa e equitativa.

Desenvolver e implementar frameworks éticos robustos é essencial para ganhar a confiança do público e maximizar os benefícios sociais dessas inovações.

As empresas e os desenvolvedores de IA precisam se comprometer com práticas transparentes e responsáveis para evitar a discriminação e garantir a proteção dos dados dos usuários.

Mais que isso, a IA e a mineração de dados têm um papel crucial na resolução de desafios globais, como as mudanças climáticas, a saúde pública e a segurança alimentar.

A capacidade de analisar dados em grande escala pode levar a descobertas científicas importantes e a soluções inovadoras para problemas complexos.

A IA pode ser usada para modelar padrões climáticos, prever surtos de doenças e otimizar a produção agrícola, contribuindo para um mundo mais sustentável e saudável.

No campo da saúde, a integração da IA com a mineração de dados está revolucionando a medicina personalizada e a pesquisa biomédica. Ferramentas de IA podem analisar dados genômicos e clínicos para desenvolver tratamentos sob medida para pacientes individuais, melhorar o diagnóstico precoce de doenças e acelerar a descoberta de novos medicamentos.

Essas inovações têm o potencial de transformar a forma como a saúde é gerenciada e entregue, proporcionando melhores resultados para os pacientes.

A colaboração interdisciplinar será essencial para o avanço contínuo da IA e da mineração de dados. A integração de conhecimentos de áreas como ciência da computação, estatística, ética, ciências sociais e engenharia permitirá o desenvolvimento de soluções mais robustas e eficazes.

Fomentar parcerias entre academia, indústria e governo será crucial para enfrentar os desafios técnicos e sociais que surgem com a adoção dessas tecnologias (Domingos, 2015).

Portanto, IA e mineração de dados ressaltam tanto o enorme potencial quanto os desafios significativos dessas tecnologias.

Abordar as questões éticas, econômicas e sociais de maneira proativa será fundamental para garantir que os benefícios da IA e da mineração de dados sejam amplamente compartilhados e que essas tecnologias contribuam para um futuro mais justo, sustentável e próspero.

Apêndices

Glossário de Termos

Base de Dados (Database)

Conjunto organizado de dados, geralmente armazenados e acessados eletronicamente a partir de um sistema de computador. As bases de dados são estruturadas para facilitar o armazenamento, a recuperação e a manipulação de dados. Elas podem ser categorizadas em diferentes tipos, como relacionais, NoSQL, e bases de dados em nuvem.

Sistema de Gerenciamento de Banco de Dados (DBMS)

Software que utiliza uma base de dados para armazenar, recuperar e gerenciar dados. Ele fornece uma interface entre os dados e os usuários ou programas de aplicação. Exemplos incluem MySQL, PostgreSQL, Oracle Database e Microsoft SQL Server.

Modelo Relacional

Modelo de base de dados que organiza dados em tabelas (ou relações) de linhas e colunas. Cada tabela tem uma chave primária e pode se relacionar com outras tabelas através de chaves estrangeiras.

Data Warehousing

Processo de coleta, armazenamento e gerenciamento de dados de múltiplas fontes para fornecer suporte a decisões empresariais. Um data warehouse é uma base de dados centralizada que integra dados de diversas fontes heterogêneas, proporcionando um ambiente de consulta e análise eficiente.

ETL (Extract, Transform, Load)

Processo utilizado em data warehousing que envolve a extração de dados de diferentes fontes, a transformação dos dados em um formato adequado para análise, e o carregamento dos dados transformados em um data warehouse.

Big Data

Termo que descreve grandes volumes de dados, estruturados e não estruturados, que são gerados em alta velocidade e necessitam de novas técnicas e ferramentas para captura, armazenamento, processamento e análise. Big Data é caracterizado pelos três V's: Volume, Velocidade e Variedade.

NoSQL

Tipo de base de dados que fornece um mecanismo para armazenamento e recuperação de dados modelados de maneiras diferentes das tabelas usadas em bases de dados relacionais. Exemplos incluem MongoDB, Cassandra, e Redis.

OLAP (Online Analytical Processing)

Categoria de software que permite aos usuários analisar informações a partir de múltiplas perspectivas. OLAP é utilizado em aplicações de data warehousing para realizar consultas complexas e análises de grandes volumes de dados.

Chave Primária (Primary Key)

Campo ou conjunto de campos em uma tabela de base de dados que identifica de maneira única cada registro dessa tabela. Nenhum valor em uma chave primária pode ser nulo e cada valor deve ser único.

Chave Estrangeira (Foreign Key)

Campo ou conjunto de campos em uma tabela de base de dados que cria um link entre dados em duas tabelas. Uma chave estrangeira em uma tabela é uma referência à chave primária em outra tabela, estabelecendo uma relação entre as tabelas.

Referências Bibliograficas

Abiteboul, S., Buneman, P., & Suciu, D. (2000). *Data on the Web: From Relations to Semistructured Data and XML*. Morgan Kaufmann.

Agrawal, R., & Srikant, R. (1994). Fast Algorithms for Mining Association Rules. *Proceedings of the 20th International Conference on Very Large Data Bases*.

Agrawal, R., Imielinski, T., & Swami, A. (1993). Mining Association Rules between Sets of Items in Large Databases. *Proceedings of the 1993 ACM SIGMOD International Conference on Management of Data*.

Alpaydin, E. (2016). *Machine Learning: The New AI*. MIT Press.

Avellaneda, M., & Stoikov, S. (2008). High-frequency trading in a limit order book. *Quantitative Finance*, 8(3), 217-224.

Barndorff-Nielsen, O. E., & Shephard, N. (2001). Non-Gaussian Ornstein-Uhlenbeck-based models and some of their uses in financial economics. *Journal of the Royal Statistical Society: Series B (Statistical Methodology)*, 63(2), 167-241.

Bishop, C. M. (2006). *Pattern Recognition and Machine Learning*. Springer.

Bollen, J., Mao, H., & Zeng, X. (2011). Twitter mood predicts the stock market. *Journal of Computational Science*, 2(1), 1-8.

Bolton, R. J., & Hand, D. J. (2002). Statistical fraud detection: A review. *Statistical Science*, 235-249.

Brockett, P. L., & Golden, L. L. (2007). Data mining and knowledge discovery in databases for business and financial applications. *Computational Economics*, 30(2), 107-112.

Bryson, J. J., Diamantis, M. E., & Grant, T. D. (2017). Of, for, and by the people: the legal lacuna of synthetic persons. *Artificial Intelligence and Law*, 25(3), 273-291.

Buolamwini, J., & Gebru, T. (2018). Gender Shades: Intersectional Accuracy Disparities in Commercial Gender Classification. *Proceedings of the 1st Conference on Fairness, Accountability and Transparency*, 77-91.

Cambria, E., Schuller, B., Xia, Y., & Havasi, C. (2017). New Avenues in Opinion Mining and Sentiment Analysis. *IEEE Intelligent Systems*, 28(2), 15-21.

Campbell, M., Hoane, A. J. Jr., & Hsu, F. (2002). Deep Blue. *Artificial Intelligence*, 134(1-2), 57-83.

Chen, X., & Liu, L. (2019). AI in anti-money laundering. *Journal of Financial Crime*, 26(3), 709-725.

Codd, E. F. (1970). A Relational Model of Data for Large Shared Data Banks. *Communications of the ACM*.

Cover, T., & Hart, P. (1967). Nearest Neighbor Pattern Classification. *IEEE Transactions on Information Theory*, 13(1), 21-27.

Date, C. J. (2004). *An Introduction to Database Systems*. Addison-Wesley.

Davenport, T. H., & Kirby, J. (2016). Just how smart are smart machines? *MIT Sloan Management Review*.

Devlin, J., Chang, M. W., Lee, K., & Toutanova, K. (2019). BERT: Pre-training of Deep Bidirectional Transformers for Language Understanding. *Proceedings of the 2019 Conference of the North American Chapter of the Association for Computational Linguistics*.

Dougherty, J., Kohavi, R., & Sahami, M. (1995). Supervised and Unsupervised Discretization of Continuous Features. *Proceedings of the 12th International Conference on Machine Learning*.

Duarte, J., & Xu, M. (2018). Personalização em serviços financeiros orientada por IA. *Journal of Financial Services Marketing*, 23(1), 45-59.

Elmasri, R., & Navathe, S. B. (2010). *Fundamentals of Database Systems*. Addison-Wesley.

Elmasri, R., & Navathe, S. B. (2015). *Fundamentals of Database Systems*. Pearson.

Ester, M., Kriegel, H. P., Sander, J., & Xu, X. (1996). A Density-Based Algorithm for Discovering Clusters in Large Spatial Databases with Noise. *Proceedings of the 2nd International Conference on Knowledge Discovery and Data Mining (KDD)*.

Esteva, A., et al. (2017). Dermatologist-level classification of skin cancer with deep neural networks. *Nature*, 542, 115-118.

Esteva, A., Robicquet, A., Ramsundar, B., Kuleshov, V., DePristo, M., Chou, K., ... & Dean, J. (2019). A guide to deep learning in healthcare. *Nature Medicine*, 25(1), 24-29.

Fayyad, U. M., Piatetsky-Shapiro, G., & Smyth, P. (1996). From Data Mining to Knowledge Discovery in Databases. *AI Magazine*, 17(3), 37-54.

Floridi, L., Cowls, J., King, T. C., & Taddeo, M. (2018). How to design AI for social good: Seven essential factors. *Science and Engineering Ethics*, 24(5), 1537-1563.

Goodfellow, I., et al. (2014). Explaining and Harnessing Adversarial Examples. *arXiv preprint arXiv:1412.6572*.

Goodfellow, I., Shlens, J., & Szegedy, C. (2014). Generative Adversarial Nets. *Advances in Neural Information Processing Systems*.

Gubbi, J., Buyya, R., Marusic, S., & Palaniswami, M. (2013). Internet of Things (IoT): A vision, architectural elements, and future directions. *Future Generation Computer Systems*, 29(7), 1645-1660.

Gu, S., Kelly, B., & Xiu, D. (2020). Machine learning for asset management: methods and applications. *Review of Financial Studies*, 33(3), 2241-2275.

Han, J., Pei, J., & Kamber, M. (2011). *Data Mining: Concepts and Techniques*. Morgan Kaufmann.

Han, J., Pei, J., & Yin, Y. (2000). Mining Frequent Patterns without Candidate Generation. *Proceedings of the 2000 ACM SIGMOD International Conference on Management of Data*.

Hastie, T., Tibshirani, R., & Friedman, J. (2009). *The Elements of Statistical Learning: Data Mining, Inference, and Prediction*. Springer.

He, K., et al. (2016). Deep Residual Learning for Image Recognition. *IEEE Conference on Computer Vision and Pattern Recognition (CVPR)*, 770-778.

He, W., Zha, S., & Li, L. (2013). Social media competitive analysis and text mining: A case study in the pizza industry.

International Journal of Information Management, 33(3), 464-472.

Hosmer, D. W., Lemeshow, S., & Sturdivant, R. X. (2013). *Applied Logistic Regression*. Wiley.

Inmon, W. H. (2005). *Building the Data Warehouse*. John Wiley & Sons.

Jain, A. K., & Dubes, R. C. (1988). *Algorithms for Clustering Data*. Prentice-Hall.

Jain, A. K., Murty, M. N., & Flynn, P. J. (1999). Data Clustering: A Review. *ACM Computing Surveys*, 31(3), 264-323.

Jegadeesh, N., & Titman, S. (1993). Returns to buying winners and selling losers: Implications for stock market efficiency. *Journal of Finance*, 48(1), 65-91.

Kaufman, L., & Rousseeuw, P. J. (1990). *Finding Groups in Data: An Introduction to Cluster Analysis*. Wiley.

Khandani, A. E., Kim, A. J., & Lo, A. W. (2010). Consumer credit-risk models via machine-learning algorithms. *Journal of Banking & Finance*, 34(11), 2767-2787.

Kim, K. J., & Ahn, H. (2016). A recommender system using GA K-means clustering in an online shopping market. *Expert Systems with Applications*, 34(2), 1200-1209.

Kimball, R., & Ross, M. (2013). *The Data Warehouse Toolkit*. John Wiley & Sons.

LeCun, Y., Bengio, Y., & Hinton, G. (2015). Deep learning. *Nature*, 521(7553), 436-444.

Liu, B. (2012). Sentiment Analysis and Opinion Mining. *Synthesis Lectures on Human Language Technologies*, 5(1), 1-167.

Little, R. J. A., & Rubin, D. B. (2019). *Statistical Analysis with Missing Data*. Wiley.

Lipton, Z. C. (2016). The Mythos of Model Interpretability. *arXiv preprint arXiv:1606.03490*.

MacQueen, J. (1967). Some Methods for Classification and Analysis of Multivariate Observations. *Proceedings of the Fifth Berkeley Symposium on Mathematical Statistics and Probability*.

McCarthy, J. (2007). What is Artificial Intelligence? *Stanford University*.

McCarthy, J., et al. (1955). A Proposal for the Dartmouth Summer Research Project on Artificial Intelligence.

Mitchell, T. M. (1997). *Machine Learning*. McGraw-Hill.

Montgomery, D. C., Peck, E. A., & Vining, G. G. (2012). *Introduction to Linear Regression Analysis*. Wiley.

Ngai, E. W. T., Hu., Wong, Y. H., Chen, Y., & Sun, X. (2011). The application of data mining techniques in financial fraud detection: A classification framework and an academic review of literature. *Decision Support Systems*, 50(3), 559-569.

Nilsson, N. J. (2010). *The Quest for Artificial Intelligence*. Cambridge University Press.

Paul, M. J., & Dredze, M. (2011). You Are What You Tweet: Analyzing Twitter for Public Health. *Proceedings of the Fifth International AAAI Conference on Weblogs and Social Media*.

Poole, D., Mackworth, A., & Goebel, R. (1998). *Computational Intelligence: A Logical Approach*. Oxford University Press.

Pang, B., & Lee, L. (2008). Opinion Mining and Sentiment Analysis. *Foundations and Trends in Information Retrieval*, 2(1-2), 1-135.

Quinlan, J. R. (1986). Induction of Decision Trees. *Machine Learning*, 1(1), 81-106.

Rahm, E., & Do, H. H. (2000). Data Cleaning: Problems and Current Approaches. *IEEE Data Engineering Bulletin*.

Ricci, F., Rokach, L., & Shapira, B. (Eds.). (2011). Introduction to recommender systems handbook. In *Recommender systems handbook* (pp. 1-35). Springer.

Russell, S., & Norvig, P. (2020). *Artificial Intelligence: A Modern Approach*. Pearson.

Russom, P. (2011). *Big Data Analytics*. TDWI Best Practices Report, Fourth Quarter.

Sebastiani, F. (2002). Machine Learning in Automated Text Categorization. *ACM Computing Surveys*, 34(1), 1-47.

Shi, W., Cao, J., Zhang, Q., Li, Y., & Xu, L. (2016). Edge computing: Vision and challenges. *IEEE Internet of Things Journal*, 3(5), 637-646.

Silver, D., et al. (2016). Mastering the game of Go with deep neural networks and tree search. *Nature*, 529, 484-489.

Sirignano, J., & Cont, R. (2019). Universal features of price formation in financial markets: perspectives from deep learning. *Quantitative Finance*, 19(1), 1-11.

Socher, R., Perelygin, A., Wu, J., Chuang, J., Manning, C. D., Ng, A. Y., & Potts, C. (2013). Recursive Deep Models for Semantic Compositionality Over a Sentiment Treebank. *Proceedings of the 2013 Conference on Empirical Methods in Natural Language Processing*.

Strauch, C. (2011). *NoSQL Databases*. Stuttgart Media University.

Tan, M. X., & Durlauf, S. N. (2017). Financial data mining: Machine learning methods for understanding the financial markets. *Annual Review of Financial Economics*, 9, 473-490.

Tan, P.-N., Steinbach, M., & Kumar, V. (2019). *Introduction to Data Mining*. Pearson.

Turing, A. M. (1950). Computing Machinery and Intelligence. *Mind*, 59(236), 433-460.

Tumasjan, A., Sprenger, T. O., Sandner, P. G., & Welpe, I. M. (2010). Predicting Elections with Twitter: What 140 Characters Reveal about Political Sentiment. *Proceedings of the Fourth International AAAI Conference on Weblogs and Social Media*.

Vapnik, V. N. (1995). *The Nature of Statistical Learning Theory*. Springer.

Vaswani, A., et al. (2017). Attention is All You Need. *Advances in Neural Information Processing Systems*.

Witten, I. H., Frank, E., & Hall, M. A. (2011). *Data Mining: Practical Machine Learning Tools and Techniques*. Morgan Kaufmann.

Zarsky, T. Z. (2016). Incompatible: The GDPR in the Age of Big Data. *Seton Hall Law Review*, 47(4), 995-1020.

Zhang, L., Wang, S., & Liu, B. (2018). Deep learning for sentiment analysis: A survey. *Wiley Interdisciplinary Reviews: Data Mining and Knowledge Discovery*, 8(4), e1253.

www.ingramcontent.com/pod-product-compliance
Lightning Source LLC
Chambersburg PA
CBHW071450220526
45472CB00003B/748